el poder de la kabbalah

Kabbalah Publishing es una unidad de negocio registrada de Kabbalah Centre International, Inc.

Para más información:

The Kabbalah Centre
155 E. 48th St., New York, NY 10017
1062 S. Robertson Blvd., Los Ángeles, CA 90035

Número gratuito en Estados Unidos: 1 800 KABBALAH
Otros números de contacto en: es.kabbalah.com/ubicaciones
es.kabbalah.com

Impreso en Colombia, junio 2016

ISBN13: 978-1-57189-770-1

Diseño: HL Design (Hyun Min Lee) www.hldesignco.com

el poder de la kabbalah

13 principios para superar los desafíos y alcanzar la realización

yehuda berg

KABBALAH
CENTRE
PUBLISHING

agradecimientos

Antes que nada me gustaría dar las gracias a todos los lectores que han convertido este libro en un *best seller* internacional. Ustedes me han ayudado a compartir esta enseñanza enriquecedora con el mundo. Se dice que sin un deseo por parte del estudiante, el maestro no puede aparecer.

El poder de la Kabbalah fue mi primer libro y es la culminación de toda una vida de trabajo y orientación de mi padre y mi madre. Es el producto del apoyo y la visión de mi hermano, el amor de mi esposa, la fe que mis hijos tienen en mí, la amistad de mis compañeros y la dedicación de aquellos que trabajan para Kabbalah Publishing. Listar los nombres de todas las personas que han hecho posible este libro sería más larga que el libro mismo. Ustedes saben quiénes son. Gracias.

Los 13 Principios de la Kabbalah

Uno: No creas ni una sola palabra de las que leas. Pon a prueba las lecciones aprendidas.

Dos: Existen dos realidades básicas: nuestro Mundo de Oscuridad del 1 Por Ciento y el Reino de la Luz del 99 Por Ciento.

Tres: Todo lo que un ser humano verdaderamente desea en la vida es Luz espiritual.

Cuatro: El propósito de la vida es la transformación espiritual de seres reactivos a seres proactivos.

Cinco: En el momento de nuestra transformación, hacemos contacto con el reino del 99 Por Ciento.

Seis: Nunca —y eso significa nunca— culpes a otras personas o sucesos externos.

Siete: Resistirnos a nuestros impulsos reactivos crea Luz duradera.

Ocho: El comportamiento reactivo crea chispas intensas de Luz, pero al final deja una estela de oscuridad.

Nueve: Los obstáculos son nuestra oportunidad de conectar con la Luz.

Diez: Cuanto mayor sea el obstáculo, mayor es la Luz potencial.

Once: Cuando los desafíos parecen abrumadores, inyecta certeza. La Luz siempre está ahí.

Doce: Todos los rasgos negativos que detectas en los demás son un mero reflejo de tus propios rasgos negativos. Sólo si cambias tú mismo podrás ver el cambio en los demás.

Trece: "Ama a tu prójimo como a ti mismo. Todo lo demás es mero comentario. Ahora ve y aprende".

índice

introducción

introducción

Un hombre se despierta en la mañana y decide ir a pescar. Va al embarcadero, se sienta, saca su sedal de pesca y lo lanza al agua. En el embarcadero hay otro pescador que parece estar pescando bastantes peces. Este pescador toma cada pez que pesca y lo lleva a un lado del embarcadero, donde hay un medidor. Después de medir cada pez, guarda unos cuantos y lanza otros al agua. Después de observar este comportamiento durante un rato, el primer hombre se aproxima al otro pescador y le dice: "¿Qué ocurre? ¿Por qué estás lanzado algunos peces de vuelta al agua y quedándote con otros? ¿Qué estás buscando?".

El otro pescador le contesta: "Tengo una sartén de treinta centímetros en mi casa. Los únicos peces que guardo son los menores de treinta centímetros. Los peces que son más grandes no puedo utilizarlos, así que los lanzo al agua".

Como este pescador, nos limitamos a nosotros mismos sin siquiera darnos cuenta. Estamos intentando encajar la abundancia infinita del universo en nuestra pequeña sartén. El universo quiere darnos todo, pero no podemos recibir todo lo que está disponible para nosotros. ¿Qué pasaría si expandiéramos nuestra vasija en lugar de poner límites a nuestra abundancia?

Podemos conseguir más en nuestra vida si nos convertimos en más. A veces me sorprende lo pequeño y limitado que puede ser nuestro pensamiento. Cuando alguien nos pregunta qué queremos de todo el universo, nos encontramos diciendo que queremos alguna cosa pequeña, sólo esto o aquello.

Es momento de mejorar nuestra vasija para recibir más, reconociendo aquello que verdaderamente nos proporcionará la realización.

¿Qué quieres realmente de la vida?

He planteado esta pregunta a muchas personas de todo el mundo, y es sorprendente lo universales que son las respuestas. La gente quiere más dinero, un bonito auto, una casa cómoda y buena salud. Dirán que quieren más plenitud, felicidad y pasión, pero no siempre están interesados en hacer el trabajo profundo que se requiere para traer estas cosas a sus vidas.

A menudo, intentamos incorporar una sensación de emoción a nuestra vida a través de algún tipo de estímulo externo. Un cigarrillo. Drogas. Alcohol. Comida. Todas estas sustancias nos dan una sensación de satisfacción temporal. Entonces, aparece la Kabbalah con su mensaje simple y poderoso: nunca vas a conocer el verdadero significado y propósito si sigues intentando añadir experiencias más y más pequeñas de emociones a corto plazo. No es así como funciona. La Kabbalah nos anima a expandir lo que somos para alcanzar un flujo duradero de plenitud, no la variedad fugaz que nos decepciona una y otra vez.

Vivimos en tiempos difíciles. Miramos el noticiero y escuchamos que alguien mató a toda su familia, o que un niño fue criado durante décadas encerrado en un sótano. El calentamiento global está generando tormentas que baten récords y un clima extremo. Nuestra agua es escasa o está contaminada. El mundo se ha vuelto loco. Al mismo tiempo, hay más revelación de Luz espiritual e información que nunca antes. Estas dos realidades están ocurriendo simultáneamente: revelación y oscuridad. Y esta es una de las razones por las cuales los conceptos espirituales están ganando importancia actualmente en la conciencia pública. Hace cincuenta años, nadie conocía la palabra Kabbalah, ni mucho menos sabía cuál era su significado. Hoy en día, hay millones de personas estudiándola. Necesitamos esta sabiduría ahora más que nunca, debido al caos que está creciendo con fuerza actualmente en el mundo.

Acudimos a la Kabbalah porque el antídoto para el caos puede encontrarse en ella.

el poder de la Kabbalah

Hay muchos mitos y falsas ideas sobre la Kabbalah. Una de las más difundidas es que para estudiarla debes de ser judío, hombre y un erudito rabínico mayor de cuarenta años. Esto fue parcialmente cierto en el pasado, pues la información que ofrecía la Kabbalah era muy compleja. Además, la gente era asesinada por el simple hecho de poseer esta sabiduría. ¿Por qué? Porque cualquier tecnología nueva puede ser vista como una gran amenaza.

Imagina que viajas atrás en el tiempo, por ejemplo, hasta el siglo XV, y le muestras a la gente tu Blackberry o tu iPhone. Pensarían que eres una bruja o un hechicero. Las enseñanzas de la Kabbalah han hecho sentir de la misma manera a muchas personas. Yo fui expulsado de la escuela varias veces porque mi padre era un kabbalista. Mis padres fueron agredidos físicamente. Mi madre fue apaleada hasta el punto de sufrir una conmoción cerebral debido a su decisión de compartir la Kabbalah con todo aquel que quisiera aprenderla.

¿Pero sabes una cosa? Nada, ni nadie, ha podido impedir que este conocimiento salga a la luz.

Aunque la religión fue entregada a la humanidad para unificarnos, para juntarnos con un propósito más elevado, no ha sido así. Nada ha causado más separación y destrucción que la religión organizada. Su sentimiento de superioridad moral y su creación de división han llevado a incontables guerras y a un derramamiento de sangre masivo. Por otra parte, la sabiduría nos anima a unirnos como uno solo, a utilizar nuestra conexión con el Creador —Dios, Alá, Jesús, Buda, o comoquiera que quieras llamar a la fuerza de Dios— para unirnos bajo su energía.

¿Y por qué es esta sabiduría distinta a la religión? Por una parte, es totalmente opuesta a la fe ciega. Los kabbalistas creen que tenemos que cuestionarlo todo y luego asegurarnos de que lo que hemos aprendido funciona para nosotros.

Tenemos que intentarlo todo, hacer el esfuerzo, ser abiertos. Al final de estos capítulos, observa si no has hecho algún cambio significativo en tu forma de entender la vida, en tu apreciación de todo lo que ya tienes, en la emoción y la novedad de eliminar viejas capas de negatividad. Si lo que has aprendido no te está funcionando, entonces cierra este libro y déjalo en la estantería. Tú decides si estudiar Kabbalah vale o no la pena.

Hay una historia maravillosa sobre un estudiante de Budismo Zen que dio la vuelta al mundo buscando un maestro. Finalmente, descubrió un famoso maestro Zen y fue a verle. El estudiante estaba tan emocionado de encontrarse con el maestro que intentó explicarle todo lo que sabía. Mientras el estudiante divagaba, el maestro Zen le preguntó: "¿Quieres un poco de té?". El estudiante contestó que sí. El maestro empezó a verter el té. El estudiante seguía hablando. Entonces vio que la taza estaba llena y, sin embargo, el maestro Zen continuaba vertiendo el té y derramándolo por toda la mesa. Perplejo, el estudiante dijo: "Maestro, la taza está llena, ¿por qué sigues vertiendo té?". El maestro contestó: "Esta taza es como tú. Ya estás tan lleno de sabiduría que no hay espacio para que entre nada más".

un manantial de sabiduría: el linaje de la Kabbalah

El primer kabbalista fue Avraham, quien escribió el *Libro de la Formación*. Avraham se conoce en la Biblia como el padre de la religión, pero también era un kabbalista. Luego vino Moisés, quien no sólo manifestó los Diez Mandamientos en el mundo físico y el conocimiento espiritual en la forma de la Biblia, sino que también enseñó herramientas kabbalísticas prácticas para vivir una buena vida.

La tradición oral de Moisés se transmitió de maestro a estudiante, una y otra vez, hasta hace unos dos mil años, cuando Rav Shimón bar Yojái escribió el *Zóhar*, texto sagrado base de la Kabbalah. El *Zóhar* es una fuente reconocida de gran sabiduría espiritual que es tan antigua como la Biblia misma; efectivamente, el *Zóhar* se conoce como el "descodificador de la Biblia". Pero el mundo no estaba preparado para el lenguaje y la tecnología que éste ofrecía, razón por la cual el *Zóhar* permaneció oculto durante más de 1.200 años. El estudio del *Zóhar* se llama Kabbalah.

Alrededor del siglo XIV, la Kabbalah empezó a salir del secretismo total. Se dice que el *Zóhar* original fue desenterrado por los caballeros templarios en Jerusalén y llevado de vuelta a Europa. Fue entonces cuando el poder del *Zóhar* empezó a hacerse conocido. Curiosamente, fue en aquel momento cuando apareció por primera vez la leyenda del Grial. Algunos dicen que el Santo Grial es un libro, posiblemente el *Zóhar*, pero eso, aun siendo intrigante, es sólo una especulación.

Desde entonces, algunos personajes famosos han estudiado el *Zóhar*. Sir Isaac Newton, por ejemplo, tenía su propia versión del *Zóhar* en latín, y dejó escrito que Platón fue a Egipto a estudiar el *Zóhar*. Otro gran pensador que estudió el *Zóhar* fue Pitágoras, quien ascendía el Monte Carmelo vestido de blanco como un sumo sacerdote y meditaba.

¿Por qué estaban estos pensadores prominentes tan fascinados por el *Zóhar*? Porque explica las leyes espirituales y físicas del universo y nuestras vidas. El *Zóhar* revela los secretos de nuestro mundo y las respuestas a las peguntas más ancestrales: ¿Cuál es el propósito de la vida? ¿Por qué fue creado el mundo? ¿Cómo fue creado el mundo? ¿Por qué estoy aquí? Efectivamente, los principios del *Zóhar* pueden hallarse en las palabras de Jesús, Mahoma, Moisés y Buda.

Como ya hemos visto, los kabbalistas han sido perseguidos por sus esfuerzos por hacer que el *Zóhar* estuviera disponible para todo el mundo. Sin embargo, después de la muerte de estos kabbalistas, las mismas personas que los habían difamado descubrieron que habían sido individuos justos. Esta ha sido la historia de la revelación de la Kabbalah durante siglos. En 1922, Rav Áshlag fundó el Centro de la Kabbalah. Sus esfuerzos también se toparon con una violenta oposición. Después de su muerte, el liderazgo del Centro pasó a manos de su estudiante, Rav Brandwein, quien más tarde pasaría el relevo a su amado estudiante, Rav Berg. El Rav Berg es mi padre. Gracias a su esfuerzo desinteresado y el de mi madre, Karen, tengo la libertad de escribir este libro, y tú ahora puedes tener acceso al poder de estudiar Kabbalah.

Una cualidad especial que puede encontrarse en el linaje del Centro de Kabbalah es que estos grandes eruditos han hecho que el *Zóhar* y sus enseñanzas estén disponibles en un lenguaje que la persona común puede entender fácilmente. Su intención no era ganar un Premio Nobel, sino traer simple felicidad, paz permanente y realización infinita a toda la humanidad. Hoy en día, puede parecernos que el *Zóhar* siempre ha estado accesible y a disposición de todo el mundo en cualquier lugar. Pero hace tan sólo unas pocas décadas, no podrías haber encontrado estos libros ni estudiar su sabiduría por ninguna cantidad de dinero; de hecho, incluso el mero intento de hacerlo podía haberte llevado a ser vilipendiado, agredido o algo peor.

ten en cuenta esta advertencia

Sigue estando en vigencia una simple advertencia, una prohibición
estricta relativa al estudio de la Kabbalah. Esta advertencia data del
siglo II, y es el primero de los Trece Principios de la Kabbalah que se
presentarán en este libro:

> Primer Principio:
> **No Creas una Sola Palabra de las que Leas.
> Pon a Prueba las Lecciones Aprendidas.**

Algunos dicen que el *Zóhar* no es sólo una luz al final del túnel, sino
la Luz que elimina el túnel mismo, abriendo nuevas dimensiones de
significado y conciencia. El *Zóhar* nos dice muchas cosas: cómo y
por qué empezó el mundo; por qué es tan difícil romper patrones
negativos que nos causan tanto dolor; por qué continuamos evitando
en nuestra vida las actividades que sabemos que son buenas para
nosotros; por qué el caos se molesta en existir; cómo infundir
significado y generar poder espiritual en cada momento de nuestra
existencia. Éstas son promesas impresionantes, pero no creas ni una
sola palabra de lo que dicen. Ni por un segundo.

La creencia implica un potencial para la duda, sin embargo el
conocimiento verdadero no deja lugar al escepticismo. Conocer
significa certeza, convicción total en tus entrañas, en tu corazón y en
tu alma. Para conocer algo, necesitas probarlo por ti mismo. Así que
prueba cada una de las lecciones de este libro. Aplica sus principios
en tu vida. Vive la sabiduría, y observa si tu vida mejora. Probar es
una parte importante de la Kabbalah, parte de un precepto clave que
afirma: "No existe la coerción en la espiritualidad".

La intención de este libro no es predicar, sino enseñar con humildad. Por este motivo, te pido que no aceptes estas lecciones basándote en la fe. En su lugar, busca resultados tangibles en tus experiencias personales. Cuando los encuentres, llegarás a *conocer* la sabiduría en tu corazón.

el lenguaje de la simplicidad

Al escribir *El poder de la Kabbalah*, quise que fuera un libro tanto desenfadado como profundo, para que al leerlo experimentaras diversión y comprensión al mismo tiempo. La sabiduría no tiene que ser compleja y pesada. Mi padre me enseñó algo importante desde una edad muy temprana: cuando nos esforzamos por entender los misterios del universo y la verdad de nuestra existencia, ¿cómo sabemos si algo es ciertamente veraz? La prueba ácida es la simplicidad. La verdad auténtica es comprensible para todo el mundo, incluso para los niños.

Una persona sabia es aquella que sabe cómo hacer simples los asuntos más complicados.

falsas ideas sobre la kabbalah

Aquellos que bailaban eran vistos como locos por aquellos que no podían escuchar la música.
— Angela Monet

Anteriormente se pensaba que el estudio de la Kabbalah podía enloquecer a las personas. La Kabbalah es la ciencia del alma, la física (y la metafísica) de la plenitud. Pero debido a que era una sabiduría práctica e innovadora que apareció en escena miles de años antes de su tiempo, fue marcada por la confusión.

Lo que era considerado como misticismo, hoy en día se llama ciencia o tecnología. Tal como dijo el renombrado escritor Arthur C. Clarke: "Cualquier tecnología lo suficientemente avanzada es indistinguible de la magia".

primera parte

¿quiénes somos?

la estructura de la humanidad

¿Quiénes y qué somos? ¿Te has detenido alguna vez a reflexionar sobre esta pregunta? ¿Cuál es nuestro componente fundamental? ¿Cuál es nuestra sustancia? ¿De qué elemento esencial estamos hechos? La respuesta, en una palabra:

Deseo

somos deseo en movimiento

Cuando utilizo la palabra *deseo* para definirnos, no es una metáfora. Deseo es la cualidad esencial de nuestra naturaleza humana. Es la materia de la que estamos hechos. Es lo que nos impulsa y lo que nos mueve. Todos somos paquetes de deseo, buscando constantemente satisfacernos. Nuestro corazón late, nuestra sangre fluye, nuestro cuerpo se mueve, sólo debido a un anhelo que busca ser satisfecho. Piensa en cómo llega un recién nacido a este mundo. ¿Cuál es su primer instinto? Quiere. Llora. Grita para recibir. Esta es la naturaleza, y por una buena razón. Un recién nacido debe recibir vestido, comodidad, sustento, alimento y cobijo para sobrevivir. Si no recibimos todas estas cosas, simplemente no lograremos sobrevivir.

deseo y diversidad

Una vez que dejamos atrás la infancia, son nuestros deseos particulares los que nos otorgan nuestra identidad individual. Algunas personas desean satisfacción sexual. Otras buscan enriquecerse espiritualmente. Algunos deseamos fama. Otros buscan la soledad. Algunos quieren recibir iluminación, mientras que otros desean viajes y aventuras. Muchos piensan que la riqueza saciará su apetito. Y hay quienes persiguen los estudios para saciar su sed de conocimiento.

Los tres niveles del deseo humano

Nivel Uno

Estos deseos están enraizados en la lujuria. Las necesidades, los deseos y los comportamientos aprendidos del Nivel Uno de una persona están enfocados a gratificar sus impulsos animales primarios. El deseo de comer y dormir, y el anhelo de sexo (no amor) son deseos del Nivel Uno. Las personas que están en el Nivel Uno pueden hacer uso del pensamiento racional e intelectual, como lo hacen todos los seres humanos, pero ellas lo hacen, principalmente, para servir a sus necesidades más básicas.

Nivel Dos

Estos deseos van dirigidos al tipo de satisfacción que no se encuentra en el reino animal, objetivos como honor, poder, prestigio, fama y el dominio sobre los demás. Consecuentemente, los pensamientos, las elecciones conscientes, las decisiones y las acciones de las personas en el Nivel Dos se dirigen a satisfacer al máximo estos deseos de estatus.

Nivel Tres

Los deseos en este nivel son impulsados principalmente por las facultades más elevadas de razonamiento y están orientados a gratificar al máximo deseos basados en el aspecto intelectual, como el anhelo de sabiduría, conocimiento y respuestas.

"Estos tres tipos de deseo", afirma Rav Áshlag, "se encuentran en todos los miembros de la raza humana; sin embargo, están mezclados en cada individuo en distintos grados, y esta es la diferencia entre una persona y otra".

una vasija

En el lenguaje de la Kabbalah, nos referimos al deseo como una *Vasija*. Una Vasija es como una taza vacía que busca ser llenada. Sin embargo, a diferencia de una taza vacía, la Vasija de nuestros deseos no es algo físico. ¿Recuerdas aquella ocasión en la que estabas tan lleno que no podías comer un bocado más, pero cuando llegó el carrito de los postres tu deseo por algo dulce se volvió abrumador? Sin darte cuenta, te encontraste engullendo un trozo de pastel de chocolate. Tu estómago tiene sus límites, pero tu deseo es ilimitado.

Cada acción en este mundo físico está dirigida por un impulso, grande o pequeño, que busca ser satisfecho. Es como si no tuviéramos libre albedrío en el asunto. Vivimos la vida en piloto automático, impulsados por la necesidad constante de nutrir todos los anhelos que persisten en nuestro cuerpo y nuestra alma.

el objeto de nuestro deseo

Entonces, si nuestras papilas gustativas quieren un postre, ¿qué quiere realmente nuestro corazón? Se puede afirmar con seguridad que el objetivo primario del deseo de nuestro corazón es la felicidad constante e ininterrumpida, aunque la definición de la felicidad puede significar algo distinto para cada persona.

Nuestro deseo de felicidad nos une a todos. No tienes que convencer a un criminal, un abogado, un obrero, el presidente de una compañía, una persona malvada, una persona amable, un ateo, una persona piadosa, un magnate o un indigente para que deseen felicidad. El deseo de felicidad interminable forma parte de nuestra propia esencia como seres humanos.

Un científico puede desear la verdad y la comprensión de las leyes que gobiernan nuestro mundo físico, o puede estar buscando un Premio Nobel y un lugar permanente en la historia. Un político puede desear mejorar su comunidad, ciudad, estado (departamento, provincia) o país, o puede optar en su lugar por el privilegio personal, la influencia y la prominencia. Un niño generalmente desea juego y placer. Un comediante puede desear risas, amor, fama y aceptación. Una persona de negocios suele desear el éxito financiero. El trabajador de una fábrica suele querer unas vacaciones, comida en la mesa o paz mental. Los eruditos desean generalmente conocimiento y reconocimiento por parte de sus compañeros académicos.

Por muy diferente que puedan sonar, todos los objetos de nuestro deseo sólo son, en realidad, paquetes de felicidad con formas distintas. Estos distintos contenedores de satisfacción nos ponen en movimiento y dan forma a nuestra vida.

Todos estos distintos paquetes también pueden ser descritos con otra palabra:

¡Luz!

el poder de la luz

Luz es una palabra codificada, una metáfora para expresar el amplio espectro de realización que los seres humanos anhelan. Cuando un rayo de luz alcanza una gota de agua en una lluvia con sol, la luz se refracta en los colores del arcoíris. Piensa en esta imagen. Igual que un solo rayo de luz incluye todos los colores del espectro, la Luz contiene todos los "colores" de la alegría y la plenitud que las personas buscan en sus vidas.

No obstante, hay una importante distinción entre la luz del sol y la Luz descrita por el *Zóhar*. La luz del sol incluye meramente siete colores primarios en su espectro, mientras que la Luz contiene toda forma concebible de satisfacción y placer que un alma puede anhelar. Esto incluye la dicha del sexo y el éxtasis del chocolate, la vitalidad de la buena salud y el poder de la prosperidad, la alegría de ser padres y el gozo de una relación amorosa y apasionada.

La Luz es también la voz que llamamos intuición, la magia que atrae a las personas y las oportunidades adecuadas a nuestra vida, la fuerza que activa nuestro sistema inmunológico, el espíritu interno que despierta la perseverancia y el optimismo en nosotros cada mañana, y el combustible que genera nuestra motivación para intentar conseguir más y más de la vida.

la luz permanece

Pero la Luz no es tan sólo felicidad. La Luz es felicidad *interminable*. Es la diferencia entre el placer momentáneo y la satisfacción duradera. En realidad, no queremos un pico placentero y efímero. Nuestros deseos más profundos no están limitados a quince minutos de fama, o al placer de cerrar un buen trato de negocios, o a un clímax temporal provocado por drogas, o al alivio provisional de un calmante. No queremos agradarles a nuestros amigos y colegas tan sólo un momento. No queremos estar sanos sólo la mitad de nuestra vida. No queremos relaciones sexuales apasionadas con nuestro cónyuge sólo durante los primeros meses de una relación de 25 años. Queremos que nuestros deseos sean satisfechos de forma constante, y es este flujo continuo e interminable lo que el *Zóhar* define como Luz.

la raíz de nuestra infelicidad

La razón por la que nos sentimos infelices y ansiosos es porque nuestros deseos no son satisfechos de forma constante por la Luz. Si tenemos alegría en un área de nuestra vida durante cinco años, puede que nos sintamos afortunados, pero esto también significa que había suficiente Luz en el "depósito" para que durase sólo cinco años. Quedarnos sin Luz —o más bien desconectarnos de la Luz— nos hace infelices. Cuanta más Luz tengamos en nuestra vida, más tiempo permanecerán satisfechos nuestros deseos y más felices seremos.

También tenemos un miedo persistente y arraigado a que nuestra felicidad se acabe algún día. Cuando nos encontramos en un estado extraño de satisfacción y serenidad, tenemos una tendencia negativa a creer que es demasiado bueno para ser verdad. Nos preocupamos por el mañana. Y el momento en que esas dudas se cuelan en nosotros, perdemos nuestra conexión con la Luz. Por lo tanto, la Luz también se define como la paz mental que resulta de saber que mañana la felicidad seguirá estando con nosotros. Cuando estamos conectados con la Luz, no tenemos miedo, ni ansiedad ni inseguridad acerca del futuro.

el deseo máximo

A la luz de lo mencionado en el párrafo anterior, (juego de palabras intencional) entendemos que el deseo máximo de un ser humano es la Luz. Es más, la Luz que buscamos está por todas partes. Es la sustancia más común en nuestro universo. Llena el cosmos y satura nuestra realidad. La Luz es infinita, ilimitada y siempre está dispuesta a satisfacernos. Lo cual nos lleva a una pregunta obvia:

> Si las personas son la esencia del deseo
> y lo que deseamos es Luz,
> dado que el universo está inundado de Luz,
> entonces, ¿qué se interpone en el camino hacia nuestra felicidad eterna?

Una cortina.

los dos lados de la cortina: el reino del 1 por ciento y el reino del 99 por ciento

Hay una cortina que divide nuestra existencia en dos reinos que la sabiduría de la Kabbalah identifica como el Reino del 1 por ciento y el Reino del 99 por ciento.

El Reino del 1 por ciento engloba al mundo físico, que es tan sólo una pequeña parte de toda la Creación. Es lo que percibimos con nuestros cinco sentidos: lo que olemos, saboreamos, tocamos, vemos y escuchamos. Y aunque puede parecernos mucho, lo que experimentamos con nuestros cinco sentidos es un simple fragmento de lo que realmente hay ahí fuera.

Un breve resumen del 1 por ciento

La Realidad del 1 por ciento es el mundo físico que experimentamos con nuestros cinco sentidos. Espiritualmente, es el reino de la oscuridad, donde:

- Reaccionamos a los acontecimientos externos;
- La satisfacción es temporal;
- Los síntomas y las reacciones nos preocupan;
- Somos víctimas que sufren por las acciones de otras personas y por las circunstancias externas aleatorias;
- Parece que no existiera esperanza de crear un cambio positivo y permanente; y
- La mayoría de nuestros deseos permanecen insatisfechos.

La Ley de Murphy gobierna el reino del 1 por ciento: todo lo que potencialmente pueda salir mal, saldrá mal. Incluso cuando las cosas van bien, sabemos que cambiarán porque vivimos en la dimensión de las subidas y las bajadas, de las buenas noticias y las malas noticias.

Cuando vivimos nuestras vidas solamente en el 1 por ciento, la vida duele, y el mundo parece oscuro y desordenado.

Al otro lado de la cortina se halla la Dimensión del 99 por ciento, que engloba a la vasta mayoría de la realidad.

Un breve resumen del 99 por ciento

El Reino del 99 por ciento se encuentra fuera del alcance de la percepción humana. Éste es:

- Un mundo de orden absoluto, perfección y Luz espiritual infinita;
- Un reino de acción en lugar de reacción;
- La fuente, la semilla, el origen oculto del mundo físico;
- Un mundo de satisfacción total, conocimiento infinito y dicha interminable; y
- Una dimensión en la que podemos iniciar cambios positivos y duraderos que también se manifiesten en nuestro Mundo del 1 por ciento.

En el Reino del 99 por ciento no hay rastro de la Ley de Murphy. Cuando vivimos conectados al Nivel del 99 por ciento, la vida es satisfactoria, la energía fluye y el mundo es brillante y hermoso.

Así, hemos llegado al Segundo Principio de la Kabbalah:

> Segundo Principio:
> **Existen dos Realidades Básicas: Nuestro mundo de Oscuridad del 1 por ciento y el mundo de Luz del 99 por ciento.**

La ciencia del siglo XX tropieza con el 99 por ciento

El Dr. Stuart Hameroff es profesor de anestesiología y psicología, y director asociado del Centro de Estudios de la Conciencia de la Universidad de Arizona. Junto con el renombrado físico Sir Roger Penrose, el profesor Hameroff observó que el entendimiento del Reino del 99 por ciento es sorprendentemente similar a nuestra visión contemporánea del universo desde el punto de vista de la mecánica cuántica.

En una entrevista que le hice para este libro, el Dr. Hameroff lo expresó de la siguiente manera:

> *Durante cien años, se ha sabido que existen dos mundos: el mundo clásico que experimentamos con nuestros cinco sentidos y el mundo cuántico. Vivimos en el mundo clásico en el que todo parece "normal" (aunque insatisfactorio). Todo tiene una forma, un lugar y una sustancia definida. Aún así, a escalas muy pequeñas, reina el mundo cuántico y todo es extraño y estrafalario, desafiando al sentido común.*
>
> *La ciencia sabe muy poco acerca del mundo cuántico, pero ahora creemos que el mundo cuántico es un gran almacén de información que incluye valores Platónicos como el bien y el mal, la belleza, la verdad y la sabiduría.*

Para mí, éstas son indicaciones de que el mundo cuántico califica como la realidad del 99 de la cual habla la Kabbalah y que, efectivamente, existe una cortina entre los dos mundos.

Otra forma de decirlo es que, aunque el Reino del 99 por ciento es indetectable e imperceptible para los cinco sentidos, es mucho más real que nuestro mundo físico.

el síndrome repentino

En el Reino del 1 por ciento, la vida nos toma constantemente por sorpresa. Estamos afligidos por el Síndrome Repentino. ¿Cuántas veces has oído lo siguiente?

- Él murió de un ataque repentino de corazón.
- Él la abandonó *sin previo aviso*.
- *De repente*, el negocio se vino abajo.
- Ella cambió de opinión *repentinamente*.
- *De pronto* sentí que mi vida estaba vacía.

¿Pero existe realmente lo "repentino"? No, si eres consciente de cómo funcionan las cosas en el Mundo del 99 por ciento. Siempre hay una causa oculta e invisible que precede a cualquier suceso "repentino".

¿Te has levantado una mañana y te has encontrado de repente un roble maduro plantado frente al jardín de tu entrada? Por supuesto que no. En algún momento del pasado, se plantó una semilla de roble. De la misma forma, cuando un problema desagradable surge repentinamente y corta el flujo de felicidad que estaba satisfaciendo un deseo en particular, no se trata de un suceso aleatorio. Existe una causa más profunda. En algún momento del pasado, se plantó una semilla. Creo que no hay errores, ni coincidencias, ni accidentes, ni catástrofes repentinas. Este es un mundo de causa y efecto.

Todo lo que ocurre, ocurre por algún motivo.

la teoría del caos

El Síndrome Repentino deriva de nuestra incapacidad para ver más allá de las ilusiones del Reino del 1 por ciento. No podemos ver más allá de la confusión inmediata de nuestro mundo físico para ver el otro lado de la cortina, donde reside la realidad más amplia.

Durante años, los meteorólogos se enfrentaron al desafío de intentar predecir el clima. Las tormentas y las fluctuaciones en las condiciones atmosféricas ocurrían sin previo aviso, y los científicos concluyeron que el clima era una secuencia de sucesos caótica, no lineal y aleatoria. Hasta que un estudio posterior reveló el orden oculto dentro del caos.

el efecto mariposa

Esta frase se refiere a la idea de que las alas de una mariposa crean cambios en la atmósfera que inician la formación de un tornado. Como el efecto dominó, aunque la fuerza de las alas de una mariposa no se convierte en la fuerza de una tormenta, la mariposa que bate sus alas es la condición inicial que pone el tornado en marcha. Sin ese batir de alas, ese tornado en particular no existiría.

Por muy increíble que parezca, la pequeña turbulencia creada por las alas de una mariposa en Tokio puede llegar a producir un tornado en Kansas. De la misma forma, una persona que cierra de un golpe la puerta de un auto en Iowa puede influir en el clima en Brasil. Todo está conectado. El clima sólo parecía aleatorio para los meteorólogos porque éstos eran incapaces de percibir y medir todos los millones de influencias que contribuyen a crear un día de tormenta; influencias como las mariposas que baten sus alas y las puertas que se cierran de un golpe.

Igual que los patrones meteorológicos, nuestra vida, por muy caótica que parezca, está gobernada por un orden invisible. Nuestro problema, nuestro desafío, es que la cortina limita nuestra capacidad de detectar todas esas pequeñas mariposas que baten sus alas en nuestra vida personal. Todas las tormentas y los tornados que azotan nuestra existencia cotidiana tienen causas ocultas tras la cortina; simplemente no podemos verlas. Observamos sus efectos, pero no el nivel de realidad en el que fueron causadas. Experimentamos síntomas, pero no somos conscientes de su raíz. Atravesamos por el caos, pero no detectamos su origen porque somos ciegos ante la dimensión del 99 por ciento que se halla al otro lado de la cortina.

En nuestro mundo físico, estamos en contacto con tan sólo una porción microscópica de la realidad, mientras buscamos desesperadamente el significado en todo y la satisfacción de nuestros deseos más profundos. Algunos de nosotros acudimos a la ciencia, otros a la religión, algunos a las drogas. Otros buscan la riqueza y el poder. Pero el vacío sigue existiendo. Nos sentimos insignificantes, desamparados, infelices y fuera de control, hambrientos de sustento espiritual, sentido y cambio positivo.

¿Es acaso nuestro destino permanecer encerrados en el Reino del 1 por ciento, ignorantes de lo que sucede en la Realidad del 99 por ciento? ¿Estamos condenados al caos y la oscuridad? ¿Debe permanecer la cortina cerrada para siempre?

Para nada.

el mundo del 99 por ciento

Un físico tenía una herradura colgada en la puerta de su laboratorio. Sus colegas estaban sorprendidos y le preguntaron si creía que le traería suerte para sus experimentos. Él respondió: "No, no creo en las supersticiones, pero me han dicho que funciona aunque no creas en ello".

— R. L. Weber, *A Random Walk in Science*

La realidad familiar que conocemos es el Mundo del 1 por ciento en el que vivimos, sin embargo lo que existe al otro lado de la cortina —el 99 por ciento— es, en última instancia, mucho más influyente.

El Reino del 99 por ciento es la fuente de satisfacción duradera. Este es el dominio de la Luz. Siempre que experimentamos la dicha de abrazar a un hijo, cuando cerramos un trato de negocios, cuando nos sentimos exitosos y valorados, todos esos sentimientos de calidez fluyen desde el 99 por ciento.

nada nuevo bajo el sol

Antes de Thomas Edison, la civilización vivía prácticamente en la oscuridad si la comparamos con el mundo de hoy en día, iluminado 24 horas, con luces de neón, brillantes, fluorescentes y halógenas. Pero, ¿realmente Edison inventó algo nuevo cuando desarrolló la bombilla de luz? ¿O acaso esa información ya existía?

¿Descubrió realmente Albert Einstein algo nuevo con su Teoría de la Relatividad, o ésta siempre estuvo ahí?

¿Inventó Sir Isaac Newton la gravedad?

Edison, Einstein y Newton se limitaron a revelar algo que ya existía. Entonces, ¿dónde estaba escondida toda esta información antes de que estas grandes mentes la descubrieran? Detrás de la cortina: en el Mundo del 99 por ciento.

sinfonía eterna

Wolfgang Amadeus Mozart dijo una vez que podía idear sinfonías enteras en su mente antes de escribir una sola nota. "Tampoco escucho en mi imaginación cada parte de forma sucesiva; las escucho todas al mismo tiempo. ¡Qué delicia! Toda esta invención, esta producción, tiene lugar en un agradable y animado sueño". (En inglés: http://www.creativequotations.com/tqs/tq-dreams.htm) El "sueño animado" que describe es la Realidad del 99 por ciento que trasciende las leyes del tiempo y el espacio.

Arthur I. Miller, profesor de historia y filosofía de la ciencia en la Universidad de Londres, escribió que Einstein dijo en una ocasión que, mientras que Beethoven creaba su música, la música de Mozart "era tan pura que parecía haber estado siempre presente en el universo, esperando a ser descubierta por el maestro". Einstein creía algo similar en relación a la física: que más allá de las observaciones y la teoría se encuentra la música de las esferas, la cual, según escribió, revelaba una "armonía preestablecida", exhibiendo asombrosas simetrías. Las leyes de la naturaleza, incluidas las de la teoría de la relatividad, estaban esperando a ser extraídas del cosmos por alguien con un oído receptivo. (Miller, Arthur I., 31 de enero de 2006, *A Genius Finds Inspiration in the Music of Another,* New York Times, fuente obtenida de http://www.nytimes.com/2006/01/31/science/31essa.html, en inglés)

Einstein, Mozart y otras grandes mentes del pasado entendieron que había otra dimensión espiritual que era la fuente de sus logros. Considera también el caso del químico ruso Dmitry Mendeleyev, quien tuvo un sueño inusual en 1869. Dijo Mendeleyev: "Vi en un sueño una tabla en la que todos los elementos encajaban en su lugar, como era requerido. Al despertar, lo escribí inmediatamente en una hoja de papel". (Kotz, John C. et al (2006) Atomic Electron Configurations and Chemical Periodicity (p.133) *Chemistry and Chemical Reactivity* (6ª edición) Thomson Brooks/Cole).

El sueño de Mendeleyev resultó en la tabla periódica de los elementos que todos hemos aprendido en nuestras clases de química de la escuela secundaria.

Lo siguiente es un extracto de una carta escrita por Bill Banting, hijo del científico canadiense Sir Frederick Banting, quien ganó el Premio Nobel en la categoría de Fisiología o Medicina en 1923 y fue, finalmente, nombrado caballero por su trabajo científico. (Vínculo en inglés: http://images.oakville.halinet.on.ca/14528/data)

> *Mi padre se exigía más a sí mismo que los demás. Ansioso por dar a sus estudiantes de primer año de medicina un compendio de sus últimas investigaciones, pensó que el material para su charla no era suficientemente bueno. Para mejorarlo, llevó sus diarios médicos a la cama con él. Horas más tarde, al despertar, garabateó un corto párrafo que, posteriormente, llevaría al descubrimiento de la insulina.*

Platón habló del mundo de las ideas, del cual dijo que era el origen y la fuente verdadera de nuestra realidad física así como de toda la sabiduría. Nuestro mundo era meramente una sombra de esta realidad oculta. El físico Roger Penrose escribió en su libro, *Shadows of the Mind* (Sombras de la mente):

> *Según Platón, los conceptos y las verdades matemáticas habitan en un mundo real y propio que es atemporal y no tiene localización física. El mundo de Platón es un mundo ideal de formas perfectas, distinto*

del mundo físico, pero en cuyos términos el mundo físico debe entenderse.

Sueños, visiones, intuición; todos son momentos de conexión con el Reino del 99 por ciento, en el que existe toda la información, la sabiduría, la energía, la satisfacción y la Luz.

Platón llamó a la conexión con el 99 por ciento "locura divina".

Nicolás de Cusa, el célebre filósofo del siglo XV, lo llamó "revelación divina".

Mozart lo describió como "una ráfaga".

El filósofo y matemático del siglo XX Edmund Husserl lo llamó "intuición pura".

Muchos de los líderes de la Revolución Científica y la Ilustración, incluidos los filósofos Henry More y Wilhelm Leibniz, estudiaron alguna forma de Kabbalah y estaban familiarizados con el Reino del 99 por ciento. Tú y yo lo conocemos a través de nuestras experiencias de conexión. Lo llamamos:

"intuición de madre",

"sexto sentido",

"instinto".

Ahora que tienes una idea de lo que es el Mundo del 99 por ciento, permíteme compartir contigo el desafío que plantea.

el problema

Existe un obstáculo continuo en nuestra incapacidad de controlar los momentos de conexión con el Reino del 99 por ciento. Acceder a esta dimensión de Luz es, en el mejor de los casos, accidental y fortuito. Visto desde una perspectiva histórica, parece que sólo unas pocas grandes mentes en cada generación fueron capaces de conectar con el 99 por ciento para descubrir una pieza de sabiduría que alteró drásticamente el destino de la humanidad. Una vez más, piensa en Banting, Einstein, Mendeleyev, Newton, Mozart, Moisés, Mahoma, Jesús y Avraham.

La mayoría de nosotros, antes de nuestro aprendizaje de la Kabbalah o de leer este libro, no sabíamos de la existencia de un reino tan dichoso. Por consiguiente, cuando hacíamos contacto con el 99 por ciento —en momentos de intuición, creatividad, inspiración, experimentando un milagro, formulando ideas brillantes, etc.— pensábamos que se trataba simplemente de la tradicional suerte que caía sobre nosotros. Nos es difícil imaginar algo que no podemos ver o tocar, y mucho menos entender cómo funciona.

Mi padre, el Rav Berg, describe la Realidad del 99 por ciento como bailar en el borde de la conciencia, como un sueño tentador que no puede ser recordado del todo. Momentos antes de que el soñador despierte, hay un instante crucial en el que sólo un fino hilo conecta al soñador con el sueño. Cuanto más intenta el soñador asirse de ese delicado hilo, más rápidamente se deshace y desaparece la tela del sueño. A medida que el sueño se desvanece, el soñador debe resignarse a despertar a una realidad inmensamente inferior a la del sueño.

Imagina ser capaz de acceder al Reino del 99 por ciento a voluntad; si pudiéramos, obtendríamos la capacidad de controlar todos los acontecimientos de nuestra vida. En lugar de sólo limitarnos a tratar con los síntomas y los efectos, podríamos descubrir las fuerzas ocultas que están detrás de las circunstancias y los sucesos aparentemente caóticos y enloquecedores que acaban "repentinamente" con nuestra felicidad, dejando insatisfechos nuestros deseos más profundos. Podríamos tener el poder de crear orden del caos. Podríamos utilizar la Luz del 99 por ciento para derrotar cualquier clase de oscuridad en nuestras vidas.

Piénsalo de esta forma: si alteras la rama de un árbol, sólo cambias la rama. Modifica una hoja, y sólo cambiarás la hoja. Pero, si manipulas la información genética que hay dentro de la semilla, puedes afectar al árbol entero: ramas, hojas, frutos, el árbol en su totalidad. El Reino del 99 por ciento es el nivel de ADN de la realidad. La semilla. La raíz. La causa de todas las causas.

persiguiendo nuestras propias sombras

Considera la siguiente analogía: tu sombra en la acera presenta una versión severamente limitada de tu verdadero ser. Tu sombra no refleja la sangre, los huesos, las emociones, la imaginación, los sentimientos ni los deseos que te definen como un individuo. Es simplemente un reflejo bidimensional de tu realidad tridimensional, una imagen del 1 por ciento de tu ser del 99 por ciento.

¿Puedes mover el brazo de una persona con sólo tocar su sombra en la pared? Es imposible. Debes tocar la fuente, el brazo real, la Realidad del 99 por ciento. Mueve el brazo real, y la sombra responderá automáticamente. En otras palabras, debes entrar en una dimensión superior para efectuar el cambio. Sin embargo, se nos ha condicionado para enfocar nuestros esfuerzos en el Reino del 1 por ciento de la existencia, lo cual equivale a perseguir nuestra propia sombra. Es un ejercicio inútil.

Hay una tarea muy simple que me gustaría que hicieras ahora mismo y que puede ayudar a consolidar este punto. Busca una hoja de papel y un lápiz, y luego escribe tus cinco respuestas principales a la siguiente pregunta:

¿Qué es lo que verdaderamente deseas en la vida?

Tómate tu tiempo para pensar en ello y sé honesto(a) contigo mismo(a) sobre lo que realmente quieres. Toma nota de tus pensamientos. Luego compáralos con la lista de respuestas más comunes que se han dado a esta pregunta.

Respuestas más frecuentes:

- Realización personal
- Paz mental
- Alivio del miedo y la ansiedad
- Seguridad financiera
- Satisfacción
- Amor
- Libertad
- Control
- Sabiduría
- Felicidad
- Salud

Estoy seguro de que tu lista tiene algunos elementos en común con esta. Por favor, observa que ninguna de estas respuestas puede medirse, pesarse en una balanza o ser sostenida en tus manos. No se pueden localizar físicamente en un mapa, ni llegar a ellas especificando sus coordenadas. Ninguna de las cosas que más queremos en la vida es de naturaleza física. Nada de lo que hay en nuestra lista puede encontrarse en el Reino material del 1 por ciento. Todo lo que deseamos verdaderamente es de una naturaleza etérea que *sólo* se encuentra en la Realidad del 99 por ciento.

Y esto nos lleva a nuestro Tercer Principio de la Kabbalah:

> Tercer Principio:
> ## Todo lo que un Ser Humano Verdaderamente Desea en la Vida es Luz Espiritual.

Sin embargo, ¿qué hacemos a lo largo de nuestra vida? Perseguimos las posesiones físicas en nuestra búsqueda de la felicidad. ¿Debería sorprendernos que seamos incapaces de experimentar una realización sostenible?

Para ver cómo funciona este tercer principio, prestemos atención a algo que también parecería ser muy tangible: el dinero, el vil metal. Considera un individuo con una riqueza neta de 20 millones de dólares que pierde 15 millones de un día para otro debido a un colapso en el mercado de valores. Compáralo con una persona con una riqueza neta de 20.000 dólares que gana 80.000 gracias a unas acciones que se ponen por las nubes. ¿Quién se irá a la cama con más paz mental y una mayor sensación de seguridad? ¿El que tiene 5 millones o el que sólo posee una pequeña fracción de dicha cantidad?

Aunque este ejemplo es simplista, la idea es que el dinero, por y en sí mismo, no da seguridad. Están aquellos que tienen millones y se sienten como si no tuvieran nada, y están los que no tienen nada y se sienten como si tuvieran millones. La seguridad no se encuentra en una cuenta bancaria; es un sentimiento que viene de dentro. Esto se debe a que los objetos físicos no son lo que los seres humanos buscan realmente en la vida. En realidad estamos buscando la energía espiritual que impregna el Mundo del 99 por ciento.

la razón de nuestro descontento

Nos sentimos infelices, insatisfechos, tristes, deprimidos, desgraciados o ansiosos cuando nuestros deseos parecen ser ignorados por el universo. Habitualmente, suele ser algún tipo de caos lo que precipita nuestros anhelos insatisfechos: mala salud, adversidad financieros, problemas en el matrimonio, presiones sociales, miedos, fobias, ataques de pánico. Toda esta confusión ocurre por una razón, y sólo una:

Nos hemos desconectado, consciente o inconscientemente, del Reino del 99 por ciento.

Sin embargo, cuando aprendemos cómo reconectar con este reino, podemos controlar los acontecimientos de nuestra vida. Podemos erradicar el caos que causa nuestra infelicidad. Podemos encender la Luz y eliminar la oscuridad.

La conexión con el Reino del 99 por ciento es el secreto de la satisfacción duradera en la vida, pero no es algo fácil de hacer. En las páginas que siguen, describiré detalladamente las herramientas y los métodos para ir más allá de nuestra vida cotidiana.

todo esto hace que te preguntes ...

¿Por qué existe el caos, el sufrimiento, el dolor y la enfermedad si hay otro mundo de orden y de felicidad?

¿Por qué hay dos reinos: el 1 por ciento y el 99 por ciento?

¿Quién construyó la realidad de esta manera, y por qué motivo?

¿De dónde surgen nuestros deseos?

¿Por qué nuestros deseos y la realización que buscamos están separados por una cortina invisible?

¿Quién puso esa cortina?

¿Cómo nos desconectamos del Reino del 99 por ciento?

el sabor del tiempo

Un miembro de una tribu que vive en la selva amazónica no se despierta de repente una mañana deseando un capuchino doble. Los deseos no surgen por sí solos; el sabor que buscamos debemos haberlo probado antes. No puedes sentir un gran deseo de ver "El Padrino" por enésima vez si nunca has visto la película anteriormente.

Dado que el deseo surge de la experiencia y la memoria, ¿no resulta interesante que, desde los albores de la humanidad, las personas hayan sido implacables en su búsqueda de la felicidad? No importa cuántas guerras, enfermedades, hambrunas, depresiones y desastres naturales nos hayan sacudido, nosotros seguimos levantándonos de nuevo una y otra vez, decididos en nuestra búsqueda de la paz duradera, la dicha interminable y el placer permanente.

Es lógico que debimos haber experimentado el Reino del 99 por ciento anteriormente. En algún lugar recóndito de nuestra alma, sabemos que es posible conectarnos con esta realidad de forma continua.

recuerdos

Los diversos deseos, anhelos, impulsos y antojos que dominan nuestros pensamientos han existido desde antes del inicio de los tiempos. Sean cuales fueren los deseos que se agitan en nuestro corazón en este mismo momento, en realidad son recuerdos que perduran en nuestra alma, memorias grabadas en nuestro propio ser. La búsqueda de la felicidad no sólo está inscrita en la Constitución de los Estados Unidos como un derecho inalienable de los ciudadanos americanos, sino que, también, está presente en el anteproyecto de nuestro universo. Es el derecho de la humanidad por nacimiento.

Recuerda, un viejo roble no puede brotar de la nada en tu jardín. Tuvo que haber una semilla oculta. De forma similar, hay una semilla de nuestros deseos, de la satisfacción que buscamos tan desesperadamente. Ahora identificaremos esta semilla antigua y descubriremos el propósito final de su aparición "repentina" en los jardines de este mundo.

la creación, el *big bang*, y la naturaleza de dios

la causa de todas las causas

Debes saber que, antes de que las emanaciones fueran emanadas y las creaciones fueran creadas, la Luz simple y exaltada llenaba la totalidad de la existencia, y no existía en absoluto el espacio vacío.
— Isaac Luria, Kabbalista del siglo XVI

Durante siglos, las interrogantes concernientes a los orígenes del universo fueron contempladas por rabinos, sacerdotes, científicos, chamanes, filósofos y físicos. Hoy en día, el estamento científico nos dice que hace unos 15 mil millones de años el universo físico explotó y dio inicio a su existencia con el *Big Bang*. Pero lo que la ciencia no nos dice es esto:

¿Por qué ocurrió el *Big Bang* en primer lugar?

¿Cuál fue su causa? ¿Cómo se relaciona el *Big Bang* con la vida actual en la gran ciudad? ¿Por qué debemos preocuparnos por algo que ocurrió hace 15 mil millones de años cuando no logramos entender qué salió mal hace 15 minutos?

Los antiguos kabbalistas respondieron a estas preguntas fundamentales en términos prácticos y realistas, haciendo un viaje de vuelta a ese misterioso momento *anterior* a la Creación de nuestro universo.

Antes de descubrir los grandes secretos de la humanidad, hay algo que cada estudiante necesita entender sobre los secretos mismos...

la sabiduría como Luz

La sabiduría que será revelada en las páginas que siguen es más antigua que el tiempo. El beneficio de estudiar nuestros orígenes es distinto del beneficio que se obtiene de cualquier otro estudio porque existe un aspecto místico en la comprensión de la raíz de nuestra existencia. Hay un don espiritual que se obtiene al lograr este entendimiento sobre nuestras vidas:

> Esta sabiduría, que ha estado oculta durante tanto tiempo, es también la sustancia de la Luz espiritual misma.

Cada vez que expandimos o aumentamos nuestra conciencia, abrimos portales hacia el 99 por ciento, a través de los cuales la energía positiva llena nuestro ser. Estudiar la naturaleza espiritual de la realidad abre nuestra conciencia y nos permite ver y percibir las cosas de maneras en las que nunca las habíamos visto o percibido antes. Cuando empezamos a comprender una idea o un principio nuevo, o cuando interiorizamos un aspecto de la sabiduría, se enciende una Luz en nuestra alma. Esto significa que la vida se vuelve un poco mejor y un poco más brillante. Es así de simple.

Las mentes más brillantes de la historia, incluidas las de Pitágoras, Platón, Newton y Leibniz, exploraron esta sabiduría oculta, y ésta influyó en ellos profundamente. El objetivo de estudiar los misterios de nuestro origen no sólo es volvernos más versados, sino también más puros, más iluminados y más plenos.

No esperes ni aceptes nada menos que eso.

se abre la cortina

Hoy en día, gracias a su comprensión de la mecánica cuántica, la relatividad y otras teorías revolucionarias, la ciencia se ha convertido en un medio útil para explicar muchos de los principios que encontramos en el *Zóhar*. Sin embargo, sigue habiendo una marcada diferencia entre ambos: la ciencia se enfoca en cómo funciona el mundo; la Kabbalah examina el por qué.

¿Por qué existe el mundo de la forma en que lo conocemos?

¿Por qué estamos aquí?

¿Por qué es mi vida así?

¿Te has detenido alguna vez a plantearte estas preguntas cuando has tenido que hacer frente a un desafío? La respuesta se halla detrás de la cortina, al otro lado de la realidad.

Antes del planeta Tierra . . .

Antes del universo . . .

Antes del *Big Bang* . . .

De regreso a la Causa de todas las Causas . . .

Antes del tiempo, existía sólo una realidad . . .

Energía

se abre la cortina

Esta fuerza infinita de Energía llegaba tan lejos como el infinito. Llenaba la eternidad. No había tiempo, ni espacio, ni movimiento. Esta energía ilimitada era la única realidad.

la naturaleza de esta fuerza

Esta fuerza infinita de Energía tenía un solo impulso:

Compartir infinitamente;

Impartir continuamente;

Dar incesantemente.

Lo cual plantea la siguiente pegunta: *¿Compartir qué?*

La respuesta: *A sí misma.*

La naturaleza de esta Energía era compartir *Su Esencia.*

de qué está hecha esta fuerza

La esencia de esta Energía era —y es— plenitud infinita, dicha interminable e iluminación ilimitada.

Todo lo que siempre hemos deseado —y mucho más— está incluido dentro de ésta:

- Realización personal
- Paz mental
- Alivio del miedo y la ansiedad
- Seguridad financiera
- Satisfacción
- Amor
- Libertad
- Control
- Sabiduría
- Felicidad
- Salud

Todo lo positivo; todo aquello que genera satisfacción, placer y pasión; lo opuesto del caos; la antítesis del sufrimiento y el dolor; todo esto estaba, y está, incluido dentro de esta fuerza ilimitada de Energía.

En términos kabbalísticos, esta Energía en continua expansión se conoce como la Luz, y también como la *Primera Causa*.

bailar el tango es cosa de dos

El proceso de dar/compartir/impartir requiere dos partes que dan su consentimiento. Si no hay nadie con quien compartir, ¿cómo puede tener lugar el acto de compartir?

Imagina una mujer mayor en la esquina de una intersección concurrida. Un transeúnte intenta ayudarla a cruzar la calle de forma segura. Ella rechaza su ofrecimiento educadamente. Él lo intenta de nuevo. Ella sigue rechazándolo; pero ahora está algo molesta por su insistencia. ¿Por qué está molesta? Porque no tiene ningún deseo de cruzar la calle; simplemente está parada en la intersección esperando a que llegue el autobús.

Aunque nuestro transeúnte sólo quería ayudar, le fue imposible compartir porque la mujer no tenía el deseo de recibir lo que él le estaba ofreciendo: en este caso, ayuda para cruzar la calle. Piensa en esta última idea por unos momentos.

El deseo debe estar presente para que tenga lugar el acto de dar.

la vasija

Para poder impartir Su Esencia, la Luz creó un receptor —en términos kabbalísticos, una *Vasija*— con el cual poder compartir su benevolencia.

La naturaleza de esta Vasija era un *Deseo de Recibir* infinito. Para cada tipo de satisfacción que la Luz impartía, había un *Deseo de Recibir* correspondiente a esa satisfacción en la Vasija.

Debido a que la esencia de la Luz era una variedad infinita de satisfacciones, la Vasija consistía en una variedad de infinitos *Deseos de Recibir*.

En términos físicos, si una caja de chocolates fuera un aspecto de la Luz, el deseo de comer chocolate sería el deseo de la Vasija. Si mil millones de dólares formaran parte de la Luz, entonces el deseo enorme de riqueza formaría parte de la Vasija.

De la misma forma que la Luz recibe el nombre de *Primera Causa*, la Vasija recibe apropiadamente el nombre de *Primer Efecto*.

Así que ahora tenemos la Luz/Energía infinita y una Vasija infinita: causa y efecto, recibir y compartir. La unificación de los dos es la perfección pura, la dicha más allá de nuestra comprensión.

dios y la humanidad

Puede que hayas considerado la posibilidad de que la Vasija sea el origen de la humanidad; que todas las almas, pasadas y presentes, eran y son piezas de esa Vasija. Si es así, estarías en lo cierto. Igual que un cuerpo está comprendido de billones de células, la Vasija está formada por billones de almas.

A lo largo de los tiempos, esta fuerza infinita de Energía ha recibido el nombre de Dios, Amo del Universo, Creador Divino y muchos otros nombres. ¿Por qué los kabbalistas se refieren a esta fuerza de Energía por el nombre de *Luz*?

- Igual que la luz del sol llena e ilumina una habitación oscura, la Luz se expande e ilumina la eternidad.
- Igual que un solo rayo de luz contiene todos los colores del arcoíris, la Luz contiene todos los matices de la realización.

La Luz (o el Creador, si lo prefieres) es la fuente de la satisfacción que buscamos. Todas nuestras acciones son, en realidad, una búsqueda de la Luz (que emana del Creador), la cual se manifiesta de innumerables maneras. El sentimiento de plenitud que obtenemos de las amistades y las profesiones gratificantes; de los logros personales y de una vida familiar amorosa; de la satisfacción, la seguridad económica, la creatividad, el conocimiento, la sabiduría, la salud, la paz mental y todas las demás formas de felicidad son Luz.

Esta Luz es la Energía que existe en el 99 por ciento.

la luz

La Luz no es Dios, sino la fuerza que emana de Dios, al igual que la luz solar, no es el astro solar abrasador que nos da vida desde una distancia de 149 millones de kilómetros. La Fuerza de Luz es un reflejo de los atributos de Dios y de la Energía Espiritual que irradia de Su Esencia. Pero igual que no podemos tocar con nuestra mano la caldera que es nuestro sol, la mente humana no puede concebir la totalidad de Dios. No tiene mucho sentido intentar reflexionar sobre la *fuente* de la infinidad, cuando no podemos entender realmente el concepto de *infinito* en sí mismo. Sin embargo, es suficiente con saber que la Luz satisfará completa y absolutamente todos y cada uno de nuestros deseos humanos.

un solo acto de creación

La creación de la Vasija —es decir, el *Deseo de Recibir*— es la única Creación verdadera que ha tenido lugar hasta ahora. Eso es todo. Nada más fue creado *ex nihilo*, de la nada. Las cosas que existen en nuestro universo son creadas todo el tiempo, pero ésta fue la primera Creación a partir de la nada y, por lo tanto, es la única Creación verdadera.

Este acto único de Creación ocurrió *antes* del origen de nuestro universo. No obstante, dentro de este acto, se produjeron innumerables y complejas fases o etapas de Creación de forma simultánea. Estas fases se han enseñado a través del discurso, la metáfora, la parábola y el lenguaje críptico. Lo siguiente es una explicación abreviada de las fases de la Creación.

La Luz, que compartía Su Esencia con la Vasija, provocó una unidad extraordinaria. Esta inexplicable unidad se llamaba/llama…

el mundo sin fin

El Mundo Sin Fin es la perfección total —la Luz compartiendo con la Vasija, la Vasija recibiendo la satisfacción total y completa—, la manifestación primordial de compartir y recibir, de unidad, de armonía. Así que la pregunta del billón de dólares es...

¿Qué ocurrió?

¿Dónde está el Mundo Sin Fin?

¿Cómo acabamos aquí, en esta existencia llena de problemas?

¿Por qué estamos atrapados en este lado de la cortina donde todo está oscuro?

Si en el Mundo Sin Fin todo estaba unificado y era perfecto, ¿por qué estamos leyendo este libro en un mundo imperfecto?

Si formamos parte de la Vasija, ¿por qué experimentamos más dolor que satisfacción?

Dicho de una forma más directa:

¿Dónde está la Luz, la dicha eterna, la felicidad permanente?

Responderé a esta y otras preguntas pero, antes de hacerlo, te voy a pedir que contemples lo siguiente:

Cuando llenas un vaso vacío con agua caliente, el vaso se calienta y adquiere la temperatura del líquido que hay dentro de él. Esto es equivalente a lo que sucedió en el Mundo Sin Fin. A medida que la Luz continuaba llenando la Vasija, las cualidades o atributos de la Luz imbuían a la Vasija y eran asumidos por ésta. La Vasija heredó la naturaleza del Creador, el ADN de Dios. Esta naturaleza era el *Deseo de Compartir,* de ser una causa en el continuo proceso de la Creación.

el gen de dios:
el nacimiento de un nuevo deseo

Debido a que la Vasija heredó la naturaleza de la Luz, un nuevo deseo surgió dentro de ella. Este nuevo deseo era un anhelo de expresar el ADN de Dios. Específicamente, la Vasija quería:

- Ser la *creadora* de su propio destino;
- *Compartir* plenitud;
- Ser la causa y no el efecto.

Pero la Vasija no podía expresar su "gen Creador" recientemente adquirido. No podía compartir porque no había nadie con quien hacerlo. No existía la oportunidad de crear algo nuevo y de ser la causa. Este deseo —ser como el Creador— permaneció insatisfecho. Ahora la Vasija ya no experimentaba satisfacción infinita, lo cual suponía un problema, pues experimentar satisfacción infinita era el motivo primordial de la creación de la Vasija.

Para entender lo que sucedió dentro de la Vasija, examinemos una historia bastante improbable.

un campo de sueños

Bobby es el lanzador en su equipo de las Pequeñas Ligas de béisbol. El mayor deseo de Bobby es hacer una jugada que llene a sus padres de orgullo. Y el pequeño lo logra. Lanza una pelota imposible de batear y marca un récord de ponchados en un solo partido.

Tras el último ponchado, los compañeros del equipo de Bobby lo alzan sobre sus hombros y lo pasean por todo el campo. Los padres de Bobby están radiantes de alegría.

Sin embargo, después del partido, Bobby se da cuenta de algo que le perturba. Parece ser que su padre acordó con ambos equipos que organizaran este partido para su hijo. Su padre quería que Bobby se sintiera maravillosamente. Todo el partido estaba arreglado. Desde el primer lanzamiento hasta la última jugada, incluyendo los ánimos de sus compañeros de equipo, todo era una farsa.

¿Cómo se siente Bobby ahora?

¿Qué ha sucedido con su sentimiento de logro?

Piensa en ello por un momento.

Cuando uno de los primeros maestros del Centro de Kabbalah llegó a Los Ángeles a principios de los años ochenta, se encontró con unos adolescentes que se acababan de graduar en la escuela secundaria Beverly Hills. Sus padres eran enormemente ricos y les habían dado a sus hijos todo, desde la mejor educación hasta su propio BMW cuando cumplieron 16 años. ¿Qué podían desear ahora estos chicos? Estos adolescentes, que habían recibido una buena educación, estaban traficando drogas y habían dejado la escuela; estaban enfadados y eran agresivos. ¿Qué hacía que estos jóvenes, que lo tenían todo, se sintieran como si no tuvieran nada?

el pan de la vergüenza

El Pan de la Vergüenza es el término que define lo que sienten tanto Bobby como los adolescentes de Beverly Hills. Es antiguo término que expresa todas las emociones negativas que acompañan a la buena fortuna no ganada. Un hombre forzado a aceptar caridad de otros "come" Pan de la Vergüenza porque tiene un deseo profundamente arraigado de ganarse el dinero necesario para comprar su propio pan; él anhela desesperadamente estar en una situación en la que pueda alimentarse y mantenerse a sí mismo, sin depender de la generosidad de los demás. El Pan de la Vergüenza ha disminuido su sensación de valor propio, de ser capaz de contribuir a este mundo.

En *Introducción a la Kabbalah, Volumen 1*, mi padre, el Rav Berg, explica el concepto del Pan de la Vergüenza desde la perspectiva de la estructura espiritual del universo:

> *Dado que el Deseo de Recibir, el cual se había originado en el Mundo Sin Fin, estaba ahora recibiendo la beneficencia infinita del Creador, surgió un sentimiento llamado "Pan de la Vergüenza". La Vasija está recibiendo continuamente, pero no puede dar nada a cambio, puesto que el Creador, al ser completo y no carecer de nada, no tiene Deseo de Recibir. Por lo tanto, la Vasija siente "Pan de la Vergüenza" porque es incapaz de ganarse lo que está recibiendo.*
>
> *Aunque podemos ejercitar nuestro Deseo de Recibir para nuestra propia gratificación [y] sin ninguna intención de compartir con los demás, la estructura esencial del universo —el Pan de la Vergüenza— sigue*

siendo la misma. La gratificación, ya sea espiritual o física, sólo durará si hay un equilibrio entre recibir y compartir.

A partir de lo que ya hemos dicho en relación a la evolución del universo, debe quedar claro que la decisión de no recibir fue nuestra y sólo nuestra. Esta decisión se tomó debido al desequilibrio que existía, y con el único propósito de restaurar el equilibrio. Si examinamos nuestros deseos por los beneficios físicos de este mundo, descubrimos que todos parten de la misma raíz: la falta de satisfacción. Ya sea nuestro deseo dinero, estatus o las posesiones, el elemento común es siempre el Deseo de Recibir, la conciencia de que hemos perdido una plenitud que un día tuvimos. Hemos perdido de vista el propósito verdadero de nuestra existencia en este nivel físico debido a que el Deseo de Recibir se ha vuelto más real para nosotros que la Luz, que es el Deseo de Impartir.

una carencia

La Vasija tenía todos sus deseos satisfechos en el Mundo Sin Fin, excepto uno solo: el deseo de ganarse y ser la causa de su propia realización.

Por lo tanto, el Pan de la Vergüenza evitaba que la Vasija experimentara la felicidad absoluta.

Ciertamente, esta situación no era el propósito de la Creación.

Así que sólo quedaba una opción: eliminar el Pan de la Vergüenza.

el dilema

Mientras que la Vasija no hiciera nada más que recibir de forma pasiva, seguiría siendo infeliz. ¿Qué podía hacer la Vasija para eliminar su Pan de la Vergüenza? Compartir no era una opción, puesto que no había nadie con quien hacerlo. Sólo existían la Luz y la Vasija, unificadas en el Mundo Sin Fin, y la Luz no tenía *Deseo de Recibir.*

¿La solución?

**¡La Vasija
DEJÓ de
recibir la Luz!**

la resistencia

El acto de la Vasija de rechazar a la Luz es un acto de *Resistencia*. Esta palabra extremadamente importante volverá a surgir de nuevo en varios contextos, así que intenta recordarla. El momento en que la Vasija se resistió a la Luz, la Luz se contrajo, creando un vacío, un punto único de oscuridad dentro del Mundo Sin Fin. El Infinito había dado origen a lo finito.

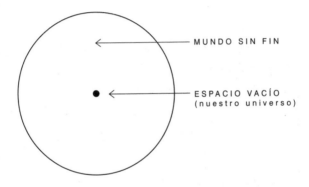

MUNDO SIN FIN

ESPACIO VACÍO
(nuestro universo)

El *Zóhar* describe este momento como el acontecimiento cataclísmico que dio origen al tiempo y al espacio tal como los entendemos, un acontecimiento que todavía reverbera hasta el día de hoy.

¡Los científicos describen este momento como el *Big Bang*!

el *big bang*

En el año 1992, el satélite COBE de la NASA confirmó que el *Big Bang* había ocurrido realmente. El físico Stephen Hawking lo llamó "el descubrimiento científico del siglo, quizá incluso de todos los tiempos". El astrofísico George Smoot dijo que era "como mirar a Dios" pero, en realidad, era algo más parecido a mirar el primer esfuerzo de la Vasija por eliminar el Pan de la Vergüenza.

Como ya hemos visto, la ciencia se enfoca en los *cómos* de la realidad física, mientras que la Kabbalah se dedica a entender *por qué* ocurrió el *Big Bang*. Aun así, es interesante comparar la forma en que los textos antiguos kabbalísticos y la física del siglo XXI describen el origen de nuestro universo. Los parecidos son reveladores.

la ciencia moderna

Hace aproximadamente 15 mil millones de años, antes de que el universo comenzara a existir, no había nada. No existía el tiempo. No existía el espacio. El universo empezó en un solo punto. Este punto estaba rodeado de la nada. No tenía amplitud. Ni profundidad. Ni longitud. Esta chispa contenía todo el espacio, el tiempo y la materia. El punto estalló en una explosión de fuerza inimaginable, expandiéndose a la velocidad de la luz como una burbuja. Finalmente, esta energía se enfrió y se fusionó como materia, creando las estrellas, las galaxias y los planetas.

la kabbalah

El universo fue creado de la nada a partir de un punto único de luz. Esta nada recibe el nombre de Mundo Sin Fin. El Mundo Sin Fin estaba lleno de Luz infinita. La Luz se contrajo entonces en un solo punto, creando el espacio primordial. Más allá de este punto, nada es conocido. Por lo tanto, este punto se llama el principio. Después de la contracción, el Mundo Sin Fin emanó un rayo de Luz. Este rayo de Luz se expandió rápidamente. Toda la materia emanó de este punto.
—Isaac Luria, Kabbalista del siglo XVI

Según los cálculos del *Zóhar*, el acto de la Creación tuvo lugar hace unos 15 mil millones de años.

el nacimiento de un universo

Igual que un padre amoroso que se retira para permitir que un niño se caiga con el objetivo de que al final aprenda a caminar, la Luz se retiró en el momento en que la Vasija dijo: "Gracias, pero no. Me gustaría aprender a crear y compartir la Luz por mí misma".

Cuando la Luz retiró Su resplandor, dio origen a un punto de vacío, un tiempo y un espacio que ofrecieron a la Vasija la oportunidad de desarrollar su propia naturaleza divina a través del acto de encontrar la Luz. Este punto microscópico de vacío, esta mota de nueva creación formada por espacio y tiempo que se entregó a la Vasija, es nuestro vasto universo físico colmado de estrellas.

el rompecabezas de la creación y la teoría de la reactividad

el creador de rompecabezas

Había una vez un viejo y amable creador de rompecabezas, cuyo mayor placer provenía de crear rompecabezas con encantadores dibujos para los niños de su vecindario. Sus rompecabezas no eran rompecabezas ordinarios, éstos poseían poderes mágicos: cuando la pieza final se colocaba en su lugar, rayos de luz emanaban de la imagen, llenando al niño de alegría. Todo lo que tenían que hacer era mirar esa imagen, nada más. Para los niños, esto era mejor que comer diez mil galletas de chocolate y beber diez mil vasos de leche.

Un buen día, el creador de rompecabezas se superó a sí mismo y pintó su dibujo más fascinante, utilizando pinceles especiales y pinturas mágicas salpicadas con polvo de estrellas. El creador de rompecabezas estaba tan contento con su creación que decidió no cortar la imagen en piezas de rompecabezas individuales. En su lugar, quiso que los niños experimentaran toda la magia de forma inmediata.

Mientras el creador de rompecabezas le daba los toques finales, un niño entró en la tienda esperando encontrar su última creación. El creador de rompecabezas le mostró entusiasmado su nueva creación. La sonrisa resplandeciente del niño desapareció rápidamente. Su cara se puso un poco triste. Claramente, estaba decepcionado. "¿Qué ocurre?", le preguntó el creador de rompecabezas. El niño explicó que colocar las piezas del rompecabezas era la parte que más le gustaba. El creador de rompecabezas lo entendió inmediatamente y, con el mismo amor y cuidado que puso al crear la pieza original, cortó y desmontó la imagen en piezas. Con mucho amor esparció las piezas en la caja y así les entregó a los niños lo que realmente querían más que ninguna otra cosa: la alegría y el logro de construir el rompecabezas mágico por sí mismos.

Para proporcionar a la Vasija la oportunidad de crear su propia realización, el Mundo Sin Fin se desmontó y se transformó en un rompecabezas. Al permitir a la Vasija montar el rompecabezas de la Creación, la Luz nos permitía a nosotros —la Vasija— convertirnos en los creadores de nuestra propia satisfacción y en la causa de nuestra propia alegría, cumpliendo así nuestro más profundo deseo y necesidad.

Además de todas estas piezas de rompecabezas, se requería un elemento crucial más para que la Vasija se convirtiera en una creadora de Luz...

Oscuridad

el poder de la oscuridad

En el marco de un día de sol resplandeciente, una vela que arde no emite luz. La vela resulta insignificante en un entorno tan iluminado. Pero en la negra oscuridad de un cielo sin luna, incluso una sola vela es claramente visible y valiosa. De forma similar, la Vasija era incapaz de crear y compartir en un reino que ya irradiaba Luz. La existencia de un área de oscuridad era esencial para que la Vasija pudiera transformarse plenamente de un receptor pasivo a un ser que se ganaba y creaba Luz y realización.

Entonces, ¿cómo pudo la Luz esconder Su resplandor?

¿Te acuerdas de la cortina?

una cortina de diez dimensiones

Para ocultar la Luz resplandeciente, se colocó una serie de diez cortinas. Cada cortina sucesiva reducía un poco más la emanación de Luz, transformando gradualmente su brillo en casi la total oscuridad.

Estas diez cortinas crearon diez dimensiones diferenciadas. En la antigua lengua aramea, se llaman las *Diez Sefirot*.

Las *Diez Sefirot*

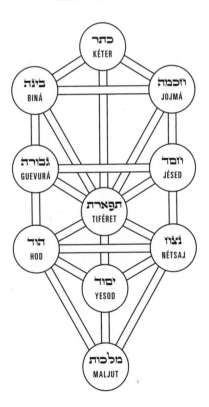

Kéter, la dimensión superior, representa el reino más luminoso de Luz, el más cercano al Mundo Sin Fin. *Maljut*, ubicado en la parte inferior, es la dimensión más oscura, nuestro universo físico. El único remanente de Luz en nuestro universo oscurecido es una "luz piloto" que sustenta nuestra existencia. Esta luz piloto es la fuerza que da origen a las estrellas y las almas, que sustenta a los soles y lo que mantiene todo en movimiento: desde el latido de los corazones hasta las galaxias giratorias y los diligentes hormigueros. Esta luz piloto es la fuerza de vida de la humanidad.

desmontando el rompecabezas

Para dar a la Vasija la satisfacción de montar el "rompecabezas", se necesitaban dos cosas: fragmentación, o el *espacio* que separa las piezas individuales, y tiempo para rearmarlo. El Mundo Sin Fin es un reino sin tiempo ni espacio; por lo tanto, estos elementos tenían que ser creados para que la Vasija se convirtiera en una co-creadora. Esto ocurrió *automáticamente* cuando la Luz se ocultó detrás de las diez cortinas.

- Si la Luz existe en un lado de la cortina, la oscuridad debe existir en el otro lado.

- De la misma forma, si la atemporalidad es la realidad que existe en un lado de la cortina, la ilusión del tiempo debe ser creada en el otro lado.

- Si hay un orden perfecto en un lado de la cortina, en la otra dimensión existe el caos.

- Si hay totalidad y una unidad exquisita en un lado de la cortina, entonces en el otro hay espacio, fragmentación y leyes físicas.

- Si la realización infinita es la norma en un lado, entonces en el otro deberá existir la carencia.

- Si Dios es la realidad y la verdad en un lado de la cortina, entonces la ausencia de Dios y el ateísmo son la realidad del otro lado. (Esto significa que los ateos están en lo correcto en cuanto a su opinión de que Dios no existe, al menos en este mundo y en este lado de la cortina. Sin embargo, nuestro propósito humano único es trascender el Reino del 1 por ciento de nuestro mundo y descubrir la verdad más elevada del 99 por ciento, que es el tema de este libro).

¿Estás empezando a entenderlo? Bienvenido pues a nuestro mundo de oscuridad y desorden.

el engaño de la oscuridad

Aunque podamos tropezar en la oscuridad y la confusión de este mundo físico, aún podemos entusiasmarnos pues, en realidad, la Luz sigue estando aquí. Cubre una lámpara con muchas capas de tela y finalmente la habitación se volverá oscura. Sin embargo, la lámpara seguirá brillando como siempre. Lo único que ha cambiado es que ahora hay una tela que cubre la luz. La Luz del Mundo Sin Fin funciona de la misma manera. La Kabbalah nos enseña cómo eliminar las capas de tela, una a la vez, para traer aun más Luz a nuestra vida y al mundo.

adán y el átomo:
socios en la creación

En un proceso cuya explicación va más allá del alcance de este libro, la única Vasija infinita se rompió en dos fuerzas diferenciadas de energía espiritual, y el principio masculino, llamado Adán, se separó del principio femenino, llamado Eva. Estos dos segmentos se rompieron en incontables piezas, creando almas masculinas y femeninas. Unas chispas menores crearon el mundo animal, otras chispas aun menores formaron el mundo vegetal, y las chispas más pequeñas de todas se convirtieron en los fragmentos más pequeños de materia y energía que conforman nuestro cosmos. Así que todo, desde los átomos hasta las cebras, desde los microbios hasta los músicos, tiene sus orígenes en esta fragmentación cósmica. Todo lo que existe en nuestro universo es una porción de la Vasija original.

Es más, el alma de todas las personas es parte del Alma original, infinita y primordial que se rompió y se fragmentó.

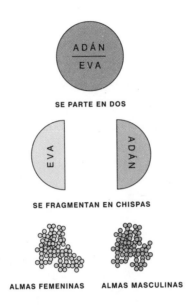

Por lo tanto, según el *Zóhar*, todo lo que existe en el universo está imbuido de su propia chispa de Luz, su propia fuerza de vida. ¿Significa esto que incluso los objetos inanimados tienen alma? La respuesta es sí. La única diferencia entre el alma de una roca y el alma de una estrella de rock es el grado y la intensidad de su deseo de recibir Luz.

Cuanta más Luz desea y recibe una entidad, mayor es su inteligencia y su conciencia de sí misma. Un ser humano es más inteligente y consciente de sí mismo que una hormiga, y una hormiga es más inteligente y consciente de sí misma que una roca.

almas que interactúan

Debido a que la Vasija se fragmentó en pedazos, cada chispa individual de alma tenía ahora otras chispas con las que compartir e interactuar a medida que trabajaba en su objetivo de crear Luz.

Ahora ya sabes quién eres realmente: una chispa de la Vasija original fragmentada. También lo son tu mejor amigo y tu peor enemigo. Incluso las plantas que hay en tu jardín se remontan a la *Primera Causa* y el *Primer Efecto*.

Ahora también sabes que tu propia esencia, la materia real de la cual estás hecho, es *deseo*. Tú deseas Luz. Esto significa que deseas felicidad, sabiduría, diversión, realización, paz mental, bienestar y mucho placer. Todos estos elementos de la Luz fueron ocultados para que pudieras vencer el Pan de la Vergüenza al convertirte en la *causa* de tu propia iluminación.

Antes de revelar cómo nos convertimos en la causa real de nuestra propia Luz, hay otra fase importante de la Creación que debe ser mencionada porque nos dice precisamente dónde está la Luz y cómo podemos acceder a ella a voluntad.

contracciones de parto

En el preciso momento de la fragmentación de la Vasija, las diez dimensiones sufrieron una contracción repentina en preparación al alumbramiento de nuestro universo. Seis de las diez dimensiones se plegaron en una sola, y éstas se conocen colectivamente como el *Mundo Superior*.

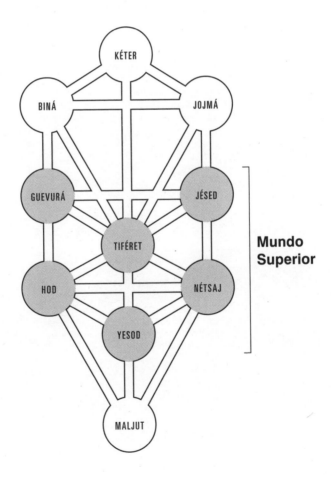

95

Esta contracción es el secreto oculto tras la frase: *los seis días de la Creación.* Después de todo, ¿no debería un Creador todopoderoso ser capaz de improvisar un universo en menos de un nanosegundo? ¿Por qué seis días?

Esta frase no tiene nada que ver con el concepto del tiempo tal y como lo conocemos. "Los seis días de la Creación" es un código para la unificación de las seis dimensiones en una sola.

la ciencia alcanza a la kabbalah

Dos mil años después de que el *Zóhar* revelara que la realidad existe en diez dimensiones —y que seis de esas dimensiones están compactadas en una— los físicos llegaron a la misma conclusión. Esto se conoce como la Teoría de las Supercuerdas.

Según esta teoría, nuestro universo está hecho de pequeñas y vibrantes cuerdas curvas. Las distintas vibraciones de las cuerdas crean partículas de materia distintas. Brian Greene, uno de los líderes actuales de la teoría de las cuerdas, escribe esta idea en su libro *The Elegant Universe: Superstrings, Hidden Dimensions, and the Quest for the Ultimate Theory* (El universo elegante: supercuerdas, dimensiones ocultas y la búsqueda de la teoría definitiva):

> *De la misma forma que los patrones vibracionales de la cuerda de un violín dan origen a notas musicales distintas, los distintos patrones vibracionales de una cuerda fundamental dan origen a masas y cargas de fuerza distintas. La teoría de las cuerdas también requiere de dimensiones de espacio adicionales que deben enrollarse hasta volverse pequeñas para coincidir con el hecho de que nunca las hayamos visto.*

Por lo visto, el número de dimensiones requeridas para que esta teoría funcione es de diez. Y aun más, según los científicos el número de dimensiones que están enrolladas y compactadas en una sola es de seis. Estos son los mismos números que se mencionan en el *Zóhar*.

El Dr. Michio Kaku es una autoridad internacionalmente conocida en el campo de la física teórica y un líder defensor de la Teoría de las

Supercuerdas. En su libro *Hyperspace: A Scientific Odyssey Through Parallel Universes, Time Warps, and the 10th Dimension* (Hiperespacio: una odisea científica por universos paralelos, distorsiones del tiempo y la 10ª dimensión), el Dr.Kaku habla sobre el impacto de esta nueva —y milenaria— idea en la comunidad científica. "Para sus defensores, esta predicción de que el universo se originó en diez dimensiones introduce un nuevo y extraordinario campo de matemáticas impactantes en el mundo de la física", escribió el Dr.Kaku. "Para sus detractores, roza la ciencia-ficción".

En una entrevista que llevé a cabo para este libro, el Dr.Kaku expresó su sorpresa ante las intrigantes similitudes entre la Kabbalah y la Teoría de las Supercuerdas. Dice Kaku: "¡Resulta inquietante cómo los números mágicos de la física y la teoría del campo unificado pueden encontrarse en la Kabbalah!".

una ciencia práctica

¿Qué significa para nosotros, a nivel práctico, toda esta convergencia científico-kabbalística? ¿Cómo se relacionan los acontecimientos de nuestra vida con una explosión que ocurrió hace unos 15 mil millones de años? ¿Por qué debe importarnos que el universo tenga diez dimensiones, o incluso cincuenta? ¿Qué tiene que ver todo esto con el estrés de nuestras vidas? ¿Y por qué es esto relevante para nuestro deseo de satisfacción infinita?

El don de Rav Áshlag, el fundador del Centro de Kabbalah, fue sintetizar este conocimiento y llevarlo a un nivel de entendimiento en el cual pudiéramos utilizarlo para lograr el propósito de la vida y el derecho de nacimiento de la humanidad: la felicidad.

Las seis dimensiones que se encuentran más allá de nuestra percepción se conocen colectivamente como el Mundo Superior. El Mundo Superior es el Reino del 99 por ciento del cual hablamos anteriormente (ver la ilustración de la página 97).

- Es este Reino del 99 por ciento lo que tocamos durante esos momentos extraños de claridad, éxtasis, compresión, conciencia expandida, epifanía, o incluso la revelación que nos permite escoger los números ganadores de la lotería.

- Cuando Michael Jordan encestó el punto ganador del Campeonato Nacional de la NCAA y su carrera se catapultó, la alegría que experimentó emanaba de este reino.

- Cuando tu corazón late como un tambor y algo te inunda cuando miras a los ojos de tu alma gemela, estás tocando el 99 por ciento.

- Cuando estás en la playa con el sol acariciándote y nada en el mundo te preocupa, esta serenidad fluye desde el Mundo Superior.

- Siempre que sentiste felicidad, tranquilidad, paz interior y la confianza de que puedes conquistarlo todo, estabas tocando una de las *Diez Sefirot.*

Este es el reino del que habló Platón, el mundo eterno de las ideas o formas que existe más allá del mundo físico de los cinco sentidos.

En uno de sus manuscritos teológicos, expuesto en el Trinity College de Cambridge (tuve el honor de recibir un microfilm de sus escritos auténticos como regalo), Sir Isaac Newton escribió:

> *Platón, al viajar a Egipto en un período en que los judíos eran numerosos en ese país, aprendió allí sus opiniones metafísicas sobre los seres superiores y las causas formales de todas las cosas, que él llama ideas y los kabbalistas llaman Sefirot.*

Cuando nos elevamos y nos conectamos con este mundo superior, traemos cambios positivos y duraderos a nuestra vida. Recuerda: cuando mueves el brazo, la sombra de la pared responde automáticamente. Cuando "movemos" el 99 por ciento, nuestro Mundo del 1 por ciento hace lo mismo.

¿Cuántas veces nos hemos preguntado dónde está Dios cuando más lo necesitamos? ¿Cuántas veces nos hemos preguntado por qué es tan difícil conectar con el Creador? La clave para conectar con el Creador está en saber *cómo* conectarnos con el Mundo Superior conocido como el Reino del 99 por ciento.

la teoría de la reactividad

Todo el mundo piensa en cambiar el mundo,
pero nadie piensa en cambiarse a sí mismo.
— Leo Tolstoy

Cuando miramos al Reino del 99 por ciento, descubrimos cuatro atributos clave de la Luz que hemos heredado y que necesitamos expresar en nuestro mundo para eliminar el Pan de la Vergüenza.

Estos atributos son:

- Ser la *causa*

- Ser un *creador*

- Tener el *control*

- *Compartir*

En nuestro mundo físico, estas cuatro cualidades se fusionan en un solo comportamiento. Mi padre, Rav Berg, lo expresa de forma elegante en una frase concisa:

Ser proactivo

Todos los rasgos de la Vasija —es decir, de la humanidad en el Reino del 1 por ciento— pueden expresarse con otra palabra:

Reactivo

Reactivo significa:

- Ser el *efecto*

- Ser una *entidad creada*

- Estar *controlado por todo*

- *Recibir*

más sobre el comportamiento reactivo

La fuente de todo comportamiento reactivo es el Deseo de Recibir. Éste es el deseo original que se creó en el Mundo Sin Fin. Aunque el Deseo de Recibir original era por las cosas buenas que se encuentran en la Luz, nuestro Deseo de Recibir en este lado de la cortina está manchado por nuestro ego e incluye la avaricia, el egoísmo, la autoindulgencia, la ira, la envidia y similares.

El comportamiento reactivo es cualquier reacción que tenemos en respuesta a las situaciones externas. Este comportamiento puede incluir el resentimiento, los celos, el orgullo, la baja autoestima, la venganza, la frustración y el típico y clásico odio.

Tómate unos momentos para reflexionar sobre estas reacciones. Piensa en las situaciones que provocaron estos sentimientos. En realidad, casi todo nuestro comportamiento es reactivo. Pero así fue diseñado. Recuerda, nuestra esencia es el *deseo de recibir satisfacción*. Nuestra conciencia está construida con base en deseos reactivos, impulsivos e instintivos. Elevarnos por encima de esta conciencia constituye la auténtica transformación espiritual.

Examinemos ahora cómo estos conceptos kabbalísticos se manifiestan en nuestro Mundo real.

el significado de la vida

En términos más simples, la misión de la Vasija es transformarse de una fuerza reactiva a una fuerza proactiva.

Este es el propósito fundamental de la vida.

Esta es la razón de nuestra existencia.

Este es el camino de vuelta a casa.

Este es el camino hacia la satisfacción interminable.

Este es el secreto para eliminar el Pan de la Vergüenza y expresar nuestro ADN divino.

Esta es la verdadera definición del término *transformación espiritual.*

Y aquí hemos desvelado el Cuarto Principio de la Kabbalah:

> **Cuarto Principio:**
> **El propósito de la vida es la transformación espiritual de un ser reactivo a un ser proactivo.**

deconstruyendo la teoría de la reactividad

- Cuando *reaccionamos* a cualquier situación externa o acontecimiento en nuestra vida, estamos siendo meramente un efecto y no una causa; estamos siendo reactivos, no proactivos.

- Cuando vivimos nuestra vida sin crecimiento personal ni cambios en nuestra naturaleza, no estamos *creando* nuevos niveles espirituales de existencia para nosotros mismos.

- Cuando permitimos que fuerzas externas influencien nuestros sentimientos, positiva o negativamente, entregamos el *control*.

- Cuando mostramos un comportamiento egocéntrico o egoísta, no estamos *compartiendo* sino que estamos recibiendo gratificación para el ego.

Reflexiona sobre esto antes de seguir a la siguiente página.

un *big bang* espiritual

Siempre que reaccionamos en la vida, ya sea con ira o con placer, la energía que sentimos es una conexión *directa* con el 99 por ciento. Esta es la Luz que la Vasija recibía al principio en el Mundo Sin Fin: esa explosión de energía, ráfaga de placer o sentimiento de gratificación. Sin embargo, fue también esta explosión inicial de Luz la que dio nacimiento al Pan de la Vergüenza.

Siempre que nos comportamos reactivamente, estamos negando nuestra naturaleza divina heredada. Entonces, nuestra alma vuelve a repetir el acto original de resistencia y detiene el flujo de la Luz. Considera esto como una versión espiritual del *Big Bang*. Metafóricamente hablando, se coloca otro trozo de tela sobre la lámpara. La vida se vuelve más oscura y es entonces cuando el placer se agota. La emoción nos abandona. La ráfaga desaparece. Por este motivo nos sentimos tan mal después de haber reaccionado explotando de ira con nuestros amigos o nuestra pareja. Por esta razón nos venimos abajo después de experimentar el efecto de las drogas. Por este motivo nuestro entusiasmo se disipa después de haber comprado un auto nuevo o ropa nueva. La gratificación o placer no se ha creado a través de nuestros esfuerzos proactivos; en su lugar, algo externo ha sido responsable de nuestra satisfacción.

De la misma forma, si alguien nos dice un cumplido y nos hace sentir mejor con nosotros mismos, la *otra persona* es la causa y nosotros somos el efecto. Nuestra felicidad sólo será temporal. Nuestra alma está forzada a repetir el acto de Resistencia, a cortar la Luz para evitar el Pan de la Vergüenza. La oscuridad es el resultado inevitable.

una alternativa espiritual

Hay otra forma a nuestra disposición que evita que los "*big bangs espirituales*" ocurran en nuestra vida: el uso proactivo de la Resistencia, lo cual significa detener nuestros impulsos reactivos *por elección propia.*

Aunque esta estrategia puede expresarse en una frase corta, llevarla a cabo con éxito requiere una voluntad y un dominio de sí mismo casi sobrehumano. En breve descubriremos por qué es más fácil decirlo que hacerlo pero primero, realiza el siguiente ejercicio para aumentar tu comprensión de la Resistencia y aprender lo que significa la transformación real.

la prueba de los $100.000 dólares

Escena: *Sobre la mesa de la recepción de una empresa hay cien mil dólares en billetes pequeños.*

Escenario número uno: *Un hombre entra y ve el dinero. Se asegura de que no haya nadie mirando, luego toma el dinero y sale corriendo como un bandido.*

Escenario número dos: *Un hombre entra y ve el dinero. Empieza a temblar, temeroso ante la posibilidad de tocar siquiera el dinero, ni qué hablar de robarlo. Sale corriendo del edificio como un conejo asustado.*

Escenario número tres: *Un hombre entra y ve el dinero. Comprueba que no haya nadie mirando. Entonces toma el dinero y empieza a correr. Pero se detiene. Agoniza por unos momentos y, finalmente, decide devolver el dinero y dejarlo en la mesa.*

Escenario número cuatro: *Un hombre entra y ve el dinero. Lo toma y lo coloca en un maletín. Cierra el maletín y lo entrega a las autoridades para que lo guarden de forma segura. Deja una nota sobre la mesa informando a la persona que dejó allí una cantidad elevada de dinero que contacte con él, y él la dirigirá a las autoridades para que pueda recuperar el dinero.*

¿Cuál de estos escenarios revela más Luz espiritual en nuestro mundo? ¿Qué persona expresa más Luz espiritual en su propia vida? Basándonos en lo que hemos aprendido hasta ahora, examinemos brevemente cada escenario para descubrir la respuesta.

Escenario número uno: *En este caso el hombre está gobernado por su Deseo de Recibir reactivo e instintivo, que le dice que tome el dinero y corra. El comportamiento reactivo no produce Luz.*

Escenario número dos: *Este hombre está reaccionando meramente al miedo que le produce la sola idea de robar el dinero. Al reaccionar a su instinto natural, no produce Luz. El hombre entra en el edificio y lo abandona sin cambios en su naturaleza.*

Escenario número tres: *El hombre reacciona inicialmente a su deseo de robar el dinero, pero luego detiene su reacción. La desactiva proactivamente. Entonces, yendo en contra de su instinto inicial, transforma su naturaleza en ese instante y devuelve el dinero. Su transformación de reactivo a proactivo revela Luz espiritual.*

Escenario número cuatro: *Aquí el hombre está meramente reaccionando a su deseo instintivo de hacer lo correcto. Él ya se encontraba en un estado mental proactivo con respecto a robar el dinero. No ocurre ningún cambio de naturaleza. Él sigue siendo la misma persona. Tal comportamiento no produce Luz adicional en la vida de este individuo.*

Sin embargo, el hombre de este cuarto escenario todavía puede revelar Luz. Después de devolver el dinero, *no* debe reaccionar a su ego, que le está diciendo lo bueno y virtuoso que es. Debe *resistir* su Deseo de Recibir que, en este caso, significa su deseo de recibir alabanzas por su buena acción. Debe darse cuenta de que, para él, la gran oportunidad de revelar Luz no es el acto físico de devolver el dinero, sino mantener su buena acción en secreto y rechazar la autoalabanza.

Recuerda siempre que nuestros rasgos positivos y nuestras buenas acciones no encienden automáticamente el interruptor de la Luz. La

Luz continúa encendida sólo cuando identificamos, arrancamos de raíz y transformamos nuestras características reactivas y negativas. Es el grado de cambio que llevamos a cabo en nuestra naturaleza lo que determina la medida de nuestra satisfacción.

la larga fila del supermercado de la vida

La próxima vez que te encuentres atrapado en la larga cola de un cajero automático, de un atasco de tráfico, o de la caja de pago de un supermercado, resiste tu impulso de reaccionar. No te frustres. No te irrites ni te impacientes. No te enfades. La cola está ahí para probarte, para darte la oportunidad de no reaccionar, de revelar Luz. Si reaccionas, la situación te controla. La situación se convierte en la causa y tú en el efecto.

Recuerda siempre que la razón de no reaccionar a la larga cola del supermercado, al conductor loco que te adelanta en la carretera o a tu cuñado que te irrita hasta la saciedad no tiene nada que ver con ser educado. Ni tiene nada que ver con la buena moral, ni la ética, ni cualquier otro principio altruista. Tiene que ver contigo, es decir: *¿Qué gano yo en esto?*

nunca se trata de moral

Históricamente, la moral y la ética nunca han llevado a la paz y la unidad. La moralidad puede ser noble, pero nunca cambiará la naturaleza de la bestia. Nunca lo ha hecho, y nunca lo hará. Somos una especie receptora, del tipo: *"¿Qué gano yo en esto?"*.

Y eso está bien. Esa fue la intención del Creador.

Para encontrar la motivación para tomar acción, las personas deben *recibir algo* a cambio. El propósito de la Resistencia es eliminar el Pan de la Vergüenza para que podamos recibir la Luz que pedimos y deseamos. Así que detén tu naturaleza reactiva que te hace pensar sólo en ti mismo, no porque sea moralmente lo correcto, sino porque la transformación servirá a tus mejores intereses. Es una paradoja: cuando dejas de pensar en ti mismo, entonces la Luz piensa en ti y puedes recibirlo todo, *sin miedo a perderlo más tarde*.

Cada uno de nosotros tiene el poder de traer satisfacción a su vida al transformar su naturaleza. Entonces, cuando el número suficiente de personas llegue a este nivel de transformación, el mundo será inundado con una infusión inimaginable de Luz.

el momento de la transformación

Tenemos dos elecciones en la vida:

1. Reaccionar a una situación, lo cual nos deja en la oscuridad del Mundo del 1 por ciento.

2. Resistirnos proactivamente a nuestro deseo de reaccionar, conectándonos así con la Realidad del 99 por ciento.

Ser proactivos, la opción número dos, elimina Pan de la Vergüenza, despejando así el camino para que la Luz llene nuestra vida en esa circunstancia en particular. Dicho de otra forma, en el instante en que nos resistimos a reaccionar, estamos transformando un aspecto particular de nuestro ser. Esta transformación es el propósito de nuestra existencia. Automáticamente nos vinculamos con el 99 por ciento y la medida adecuada de Luz es irradiada hacia nosotros.

Ahora hemos llegado al Quinto Principio de la Kabbalah:

> Quinto Principio:
> **En el momento de nuestra transformación, establecemos contacto con el Reino del 99 por ciento.**

la fórmula de la transformación

Así es como podemos cambiar la reacción por la *proacción*:

1. **Ocurre un desafío.**

2. **Nos damos cuenta de que nuestra reacción, no el problema, es el verdadero enemigo.**

3. **Desactivamos nuestro sistema reactivo para permitir que la Luz entre.**

4. **Ahora necesitamos expresar nuestra naturaleza de Luz con una acción proactiva de compartir.**

El momento de la transformación ocurre durante los pasos tres y cuatro. Ahí es cuando nuestra alma se une a la dimensión luminosa de la Luz: el Reino del 99 por ciento. Ahora nuestra acción puede provenir del lado de la Luz y no de nuestro ego.

Ejercicio: Aplicar la fórmula de la transformación

Considera este escenario de la vida cotidiana:

1. **OCURRE UN DESAFÍO**
   Tu amigo estalla de ira contigo.

2. **TU REACCIÓN EMOCIONAL**
   Estás molesto, enojado, herido.

3. TU REACCIÓN DE CONDUCTA

Le gritas a tu amigo y ambos dejan de hablarse.

Análisis de la Fórmula de la Transformación

1. OCURRE UN DESAFÍO

Tu amigo estalla de ira contigo.

2. TE DAS CUENTA DE QUE TU REACCIÓN ES TU PEOR ENEMIGO

Ves que tus emociones de sentirte molesto y herido, así como tu distanciamiento de él, son tu verdadero enemigo; el verdadero enemigo no es tu amigo.

3. DESACTIVA TU SISTEMA REACTIVO, NO TUS EMOCIONES, PARA PERMITIR QUE LA LUZ ENTRE

Suelta todas tus reacciones emocionales. En lugar de gritarle o distanciarte de él, poniendo en peligro la relación, asimílalo todo. Incluso si no tienes la culpa, deja que tu amigo se desahogue. Lo que importa no es quién tiene la razón; lo que importa es tu decisión de no reaccionar. Recuerda también que esa reacción no necesariamente es una respuesta física. Externamente, puedes comportarte como si todo estuviera bien pero, internamente, has levantado una pared que te separa de tu amigo. Permanece abierto. Resístete al deseo de distanciarte de tu amigo.

4. EXPRESA TU NATURALEZA PROACTIVA

Ahora estás en contacto con el 99 por ciento. Las emociones que sientas y tu próximo conjunto de acciones tendrán su raíz en la Luz. Ahora, piensa en cómo puedes compartir con tu amigo. Verás un cambio sorprendentemente positivo en la forma en que manejas la situación externa a la cual te estás enfrentando. Tu amigo responderá de una forma que nunca pensaste que fuera posible, o surgirá alguna información esclarecedora relacionada con tu propio crecimiento.

Con mucha frecuencia, nuestra atención está enfocada en las circunstancias. Alguien a quien amamos nos lastima. Un negocio no se realiza. No estamos de acuerdo con la opinión de alguien. Alguien nos insulta. Un colega consigue ascenso que nosotros pensamos que merecemos. Un amigo nos apuñala por la espalda. Este tipo de sucesos externos provocan reacciones en nuestro interior a lo largo del día. Permanece enfocado en el problema que surge para ti, no en los detalles de la situación. La próxima vez que esto suceda, en lugar de *reaccionar*, aplica la fórmula. Verás como ocurren verdaderos milagros.

Durante los próximos días, cada vez que te enfrentes a un desafío o un obstáculo, recuerda estos cuatro pasos y ve si puedes utilizar esta fórmula para que te ayude a transformar una situación incómoda y potencialmente caótica de tu vida en una oportunidad para revelar Luz. Escribe lo que ocurre. Y observa cómo la oscuridad en tu vida empieza a abrir paso a la Luz.

el juego más antiguo

Soy un fanático de los deportes, por eso algunos de mis ejemplos favoritos provienen del mundo deportivo. Creo que los deportes son una gran metáfora del juego de la vida y la naturaleza de la humanidad.

Imagina 18 personas reunidas en un estadio de béisbol. Todos ellos son atletas magníficos del nivel de Joe DiMaggio, Babe Ruth, Sandy Koufax y Alex Rodriguez.
A todos ellos se les entrega el equipo necesario para que puedan jugar: bates, pelotas, guantes, bases, incluso goma de mascar (o tabaco).

Pero ahora imagina que no conocen las reglas del juego. Supón que no tienen ni idea de cómo se juega al béisbol. ¿Qué sucedería a si todos estos jugadores se les dijera que no podrán abandonar el campo de juego hasta que estén preparados para ser campeones de la Serie Mundial de Béisbol?

Imagina el caos. Las peleas, las discusiones, la frustración. Algunos jugadores incluso desistirían, otros se inventarían sus propias reglas. Aunque estos jugadores están dotados de todos los atributos de las estrellas del béisbol, lo único que pueden producir es un alboroto.

Así es la vida cuando no entendemos cómo funciona el universo. ¿Acaso resulta sorprendente que desistamos, pensando que la vida es fortuita y que no tenemos ningún control sobre lo que nos sucede? Sin las reglas, todo lo que nos queda es reñir, pelear o renunciar. No importa cuánto talento poseamos. Si no conocemos las reglas del juego, el resultado es el caos.

Afortunadamente, tenemos un libro de reglas para el juego que todos jugamos. Se trata del *Zóhar*, que contiene los códigos secretos que gobiernan las reglas del juego de la vida. Los grandes sabios de la Kabbalah dicen que la Luz se encuentra alojada dentro de las mismas letras y palabras del *Zóhar*. El *Zóhar* es un puente a la Realidad del 99 por ciento y una herramienta poderosa para nuestra transformación espiritual.

Según el *Zóhar*, cada uno de nosotros nace en este mundo con un enorme talento espiritual. No obstante, para la mayoría de nosotros este talento permanece desaprovechado porque hemos estado jugando el juego sin saber realmente cómo funciona. Cada día discutimos, sentimos frustración, desistimos e inventamos nuestras propias reglas. Observa con detalle los distintos "juegos" que llevas contigo en tu cabeza mientras te mueves por la vida. ¿Qué dice tu libro de reglas? ¿Cuál es tu sistema operativo de creencias, los lentes a través de los cuales ves el mundo? Quizá creaste esas reglas cuando eras un niño —si hago esto, entonces este será el efecto— y no has actualizado las reglas para incluir todo lo que has aprendido sobre la vida desde entonces.

No es fácil salirse lo suficiente de este campo de juego que hemos creado para obtener una perspectiva de éste y ver lo que está motivando nuestras acciones y decisiones.

Tómate cinco minutos ahora mismo para observar algunas de las cosas que deseas y ve si puedes discernir las reglas que has desarrollado en relación a esos deseos. Conozco algunas personas que piensan que quieren una relación, pero su creencia subyacente es que las relaciones implican salir lastimado, y las personas que atraen y las relaciones que inician están teñidas con esta creencia.

El *Zóhar* nos da las reglas para vivir, sin imponer restricciones en nuestra experiencia diaria del mundo. Nos proporciona un conjunto de leyes espirituales universales que nos liberan y nos otorgan poder en cuerpo y alma. Estas leyes son los Trece Principios que se presentan a lo largo de este libro.

Ahora que entendemos que hay un juego de la vida completo con libro de reglas, la siguiente pregunta obvia es:

¿Contra quién estamos jugando?

¿Quién es nuestro oponente en el juego de la vida?

contraespionaje

¿Por qué la naturaleza humana parece estar tan orientada al comportamiento autodestructivo? ¿Por qué nos enredamos en actividades que son perjudiciales para nosotros, aun cuando no queremos hacerlo? ¿Por qué la avaricia es más tentadora y divertida que la generosidad? ¿Por qué nos es tan fácil volvernos adictos a todas las cosas que nos dañan? ¿Por qué los buenos hábitos son tan difíciles de cultivar? Es fácil engancharse a un nuevo postre de chocolate desde el primer mordisco, pero es casi imposible habituarse a los calabacines cocidos al vapor, aun después de haberlos comido a la fuerza durante años.

La ira, el miedo, los celos, la pereza —todos nuestros rasgos negativos y destructivos— se sienten como si poseyeran la fuerza de la gravedad. Por muy duro que intentemos saltar diez pies por encima del suelo, no podemos. La negatividad parece formar parte de nuestra naturaleza. Constantemente nos tira hacia abajo, por muy comprometidos que estemos a liberarnos de ella. De la misma forma, la gravitación hacia los buenos hábitos y los rasgos positivos nunca parece ocurrir. En su lugar, cuando se trata de todas las cosas que nos benefician, parecemos estar gobernados por la fuerza de la repulsión. Es como si hubiera una fuerza dentro de nosotros que está constantemente saboteando nuestros esfuerzos por mejorar las cosas.

el juego,
el oponente,
y el papel
del espacio
y el tiempo

la *otra* voz

Ya sabes cómo funciona: te dices a ti mismo con gran convicción que la nueva dieta y el nuevo estilo de vida sano empezarán mañana. Pero cuando te enfrentas al mañana —frente a una pizza de queso y un evento deportivo— una segunda voz sale de la nada y empieza a hablar. Esta segunda voz te convence de que postergues tu cambio de estilo de vida *sólo un día más*. Es como si estuvieras programado para fracasar cuando se trata de mejorar tu calidad de vida.

Vinimos a este mundo a cambiar nuestra naturaleza. Ese es el trato que acordamos en el Mundo Sin Fin. Nosotros, la Vasija, no recibiríamos la satisfacción verdadera y duradera a menos que elimináramos el Pan de la Vergüenza, que transformáramos primero nuestra naturaleza receptora y reactiva. Esta tarea es extremadamente difícil. De hecho, es casi imposible. ¿Por qué la naturaleza humana está tan inclinada hacia lo negativo?

¿Por qué una respuesta reactiva se realiza sin esfuerzo alguno y un acto proactivo se siente prácticamente imposible?

el oponente

El cambio verdadero resulta tan difícil porque, como en todos los juegos, en la vida nos enfrentamos a un oponente, en este caso es uno que intenta constantemente influenciar y controlar nuestro comportamiento y truncar nuestros planes mejor trazados.

Hemos aprendido que la Vasija, habiendo heredado el ADN de Dios, quería ganarse la Luz y ser la causa de su propia satisfacción. Una forma de adquirir una comprensión más profunda de este concepto es considerar cuál es *el objetivo de un juego.*

En cualquier competencia atlética, el objetivo es ganar. No importa si hablamos de Los Angeles Lakers, los Chicago Cubs, los Miami Dolphins, los New York Rangers o un equipo que juega en la Liga Infantil de un pequeño pueblo de Wisconsin. Si le preguntas a un jugador qué está intentando conseguir, el jugador te dirá que intenta ganar el juego.

¿Pero es éste el verdadero objetivo?

Supón que hubiera una fórmula mágica que le permitiera a tu equipo ganar cada juego. Pasara lo que pasara, jugara quien jugara, siempre ganaría tu equipo. Partido tras partido. Temporada tras temporada. El resultado siempre estaría predeterminado y la victoria siempre garantizada.

¿Cómo se sentiría esto realmente? Descubrirías rápidamente que el juego ha perdido su atractivo. La emoción se convertiría en aburrimiento.

Entonces, ¿verdaderamente podemos decir que ganar es el objetivo primordial? No. Lo que realmente queremos en un juego es el riesgo y el desafío, y eso requiere la posibilidad de perder. Más que ganar, poner nuestra capacidad a prueba es lo que hace que el juego tenga significado. Mi padre, el Rav Berg, cuenta una historia que ilustra este punto.

Una vez vivió un hombre que se pasó la vida robando bancos. Era un genio criminal que podía violar con facilidad los sistemas de seguridad más sofisticados. Cuando murió, un ángel vino a saludarle y le mostró los alrededores. El hombre pensó: "¡Vaya, este es un lugar fantástico! Hay comida, un balneario, habitaciones agradables para descansar. Aquí tengo todo lo que puedo llegar a necesitar".

Pero, finalmente, empezó a aburrirse. Buscó al ángel y le dijo: "Ángel, ¿puedes ayudarme? Me gustaría robar un banco".

El ángel dijo: "Por supuesto. ¿Qué banco te gustaría robar?".

"¿Ves aquel banco que está allí? Ese es el que quiero vaciar".

"¿A qué hora te gustaría hacerlo?".

"A las tres de esta tarde".

"¿Y cuánto dinero te gustaría que hubiera en la caja fuerte?".

"Dos millones".

"Perfecto, tendrás dos millones de dólares esperándote allí. Estos son los planes para el robo del dinero. Simplemente entra y tómalo".

El hombre dijo: "No, no, no, no. No lo entiendes. Yo quiero planear esto. Quiero saltarme las alarmas y los sistemas de seguridad por mí mismo".

"No puedes hacer eso", le dijo el ángel. "Ahora que has muerto, las cosas han cambiado un poco. Simplemente tú nos dices lo que quieres y nosotros te lo proporcionamos".

"Pero soy el mejor ladrón de bancos que haya existido en el mundo. No hay emoción si lo hago de esta manera. ¿Qué tipo de fraude tienen montado aquí en el cielo?".

El ángel le miró seriamente y le dijo: "¿Quién dijo que esto es el cielo?".

Ya seas un ladrón de bancos o un filántropo, la satisfacción viene de superar un desafío y, por lo tanto, al ganarnos una sensación de logro. Cuando no nos sentimos desafiados o no sentimos ninguna sensación de habernos ganado algo, nos deslizamos en el caos. Pero cuando vencemos, superamos, o cambiamos un aspecto de nosotros mismos para mejor, experimentamos la energía celestial de la Luz.

Es la posibilidad de perder contra el oponente lo que le da satisfacción a ganar.

lo que nos faltaba

En el Mundo Sin Fin lo teníamos todo, *a excepción de una cosa*: la capacidad de ganarnos, de merecernos, de ser la causa de la satisfacción que la Luz nos otorgó. Así que rechazamos la Luz para poder ser como la Luz, para convertirnos en los creadores de nuestra propia realización.

Queríamos tener la oportunidad de jugar el juego de la Creación por nosotros mismos, de arriesgarnos a perder, vida tras vida, por esa probabilidad de ganarlo todo y llevarnos a casa el trofeo, el tesoro. Sólo entonces podríamos conocer la auténtica sensación de logro y felicidad. Sólo entonces podríamos maximizar realmente nuestro poder de ser proactivos. Si nuestro ser no se ponía a prueba hasta el límite, la semilla divina que está en nuestro interior nunca podría florecer.

Como atletas espirituales, debemos entrenarnos mental y emocionalmente para que nuestra naturaleza divina pueda evolucionar y manifestarse. Este entrenamiento satisface nuestra necesidad de ganarnos la Luz, de crearla en nuestra vida y, por lo tanto, de erradicar el Pan de la Vergüenza.

la compañía

Un hombre crea un negocio desde cero que acaba convirtiéndose en una empresa valorada en mil millones de dólares. Después de veinticinco años, renuncia a su cargo como director ejecutivo y se convierte en presidente del consejo de administración, una posición más honoraria que ejecutiva.

Al ver que su hija está bendecida con talentos similares a los suyos, el hombre le entrega el 50% de las acciones, así como el cargo de directora ejecutiva. Pero este ascenso crea un problema para esta joven mujer. Fueron las lágrimas, el sudor y la sangre de su padre — no los suyos— los que construyeron la empresa y, aunque el padre le entregó su empresa con amor, admiración y respeto, la mujer se siente como si le hubieran dado una limosna.

Obviamente, la hija aprecia la generosidad de su padre y la confianza que ha depositado en ella, pero ella quiere recibir el liderazgo de la compañía por las razones adecuadas. Afortunadamente, la empresa contrata a miles de personas y su padre siempre ha mantenido su vida privada resguardada de los demás, por lo que nadie sabe quién es ella. Ella solicita un trabajo en el almacén y lo consigue. Trabaja arduamente y se gana un ascenso. Más tarde, se gana otro. Continúa trabajando extremadamente duro a lo largo de los años y, mediante su propio esfuerzo, determinación y visión de negocio, va ascendiendo por la escalera del éxito peldaño a peldaño, convirtiéndose finalmente en presidente y directora ejecutiva.

Su padre sabía que en ningún momento podía intervenir en el ascenso de su hija a lo largo de la escalera corporativa. Aunque ella hubiera experimentado sufrimiento o alguna dificultad, o incluso si la hubieran despedido, el padre habría tenido que mantenerse al margen y permitir que su hija arreglara sus asuntos por sí misma, por muy doloroso que le resultara.

Afortunadamente, el padre tuvo fe en su hija. Después de todo, él la había educado y sabía que ella poseía muchos de sus talentos propios. Y sabía que una vez que su hija llegara a la cumbre —por ella misma— experimentaría la sensación de logro y realización que él siempre había deseado para ella.

En esta historia, la hija es una metáfora para la Vasija, y el padre es una metáfora para la Luz. Nosotros, la Vasija, necesitamos expresar nuestra naturaleza proactiva para eliminar el Pan de la Vergüenza. Pero, para ser proactivos, debemos primero ser reactivos. Y para ser reactivos, necesitamos desafíos. Ciertamente, para que la transformación de reactivos a proactivos sea significativa, valiosa y completa, necesitamos un oponente poderoso que nos ponga a prueba.

¿Quién es nuestro oponente?

la batalla interna

El *Zóhar* describe y explica la naturaleza del *Oponente*, así como las diversas técnicas, armas y estrategias que éste utiliza. Él es la fuente invisible del caos en este mundo físico. Su voz es la que susurra: "Cómete el pastel ahora. Empieza la dieta el lunes". Es *él* quien suscita sentimientos de desesperación, pesimismo, miedo, ansiedad, duda e incertidumbre. Y es *él* quien estimula el exceso de confianza, la crueldad, la avaricia, los celos, la envidia, la ira y el rencor.

Es la voz del Oponente la que dice: "Hazlo", aun cuando sabemos que no debemos. Es la voz del Oponente la que dice: "No te molestes en hacerlo", aun cuando sabemos que deberíamos hacerlo. Y lo peor de todo, cuando queremos aplicar la Resistencia en nuestra vida y detener nuestro comportamiento reactivo, el Oponente nos convence sagazmente de lo contrario.

Encontramos ejemplos del trabajo del Oponente en todas partes:

- Estás manejando el auto y un transeúnte necesita ayuda. Tu pensamiento inicial es detenerte y ayudar; hasta que el Oponente te convence de que otra persona se ocupará de ello. Te vas corriendo a tu almuerzo mientras el Oponente va racionalizando tu comportamiento egoísta a lo largo del camino.

- Te comprometes a ahorrar un poco de dinero cada mes para volverte más responsable fiscalmente; pero, cada mes, el Oponente te convence de que te lo gastes frívolamente, justificando cada gasto en tu mente.

- Entras en una tienda naturista y te gastas mucho dinero en vitaminas de todo tipo, comprometiéndote de verdad a tomar un régimen diario de nutrientes. Seis meses más tarde, las botellas se encuentran casi llenas en tu estantería. Al año siguiente, ocurre lo mismo cuando vuelves a entras en la tienda naturista. Esta vez te prometes a ti mismo que será diferente; pero no lo es.

- Un amigo cercano confía en ti y comparte contigo un secreto personal. Tú le prometes a tu amigo (y a ti mismo) que no lo revelarás a nadie. Unos días más tarde, el Oponente arranca las palabras de tu boca cuando te encuentras chismorreando con otra persona. Te observas a ti mismo mientras te saltan las palabras, aunque sabes muy bien que no deberías hacerlo.

- Un amigo querido se traslada a una casa más linda que la tuya, o lleva una nueva prenda de ropa muy bonita, o conduce un nuevo y reluciente automóvil. Te dices a ti mismo que debes estar contento por tu amigo, pero la envidia comienza a asomar su fea cabeza y no puedes controlarla, aunque quieras hacerlo. El resentimiento y la felicidad por la otra persona luchan por controlar tus emociones, y no estás seguro de que la felicidad esté ganando.

- Cada vez que sacas un cigarrillo, lees en el paquete que fumar causa enfisema, cáncer de pulmón y defectos de nacimiento. Pero el Oponente te empuja a ignorar la advertencia, y te encuentras diciendo por centésima vez: "Sí, ya se que es malo. Pero lo dejaré mañana".

¿Por qué nos enganchamos en comportamientos tan destructivos? ¿Por qué tomamos decisiones tan tontas, aun cuando percibimos plenamente sus consecuencias?

un adversario muy antiguo

A travéz de la historia, la religión, la filosofía, la literatura, e incluso Hollywood, han dado nombres al Oponente, incluyendo Lucifer, Belcebú, Mr.Hyde, la Inclinación al Mal, el Lado Oscuro, Darth Vader, el Señor de la Oscuridad, la Bestia y la Bruja Malvada del Oeste.

Comoquiera que escojas llamarla, la fuerza del Oponente es real. Muy real. Aunque no puedas ver a este Oponente con tus ojos, él es tan real como los átomos invisibles que hay en el aire y tan ubicuo e influyente como la fuerza invisible de la gravedad. En el lenguaje antiguo del arameo, su nombre es *Satán*.

Cuando examinamos la historia de la palabra "Satán", descubrimos que es un término antiguo que proviene de una palabra griega que significa "adversario" o "nuestro otro lado". No se trata de ese hombre con un tridente y una capa roja que todos imaginamos. No, este Satán es un aspecto de nosotros mismos. El Oponente real está en nuestro interior, cegándonos y bloqueándonos activamente. Su fuerza hace que nos olvidemos de apreciar nuestros dones, nos impulsa a sentirnos con privilegios e implanta pensamientos malsanos en nuestra mente.

En nuestra vida, la fuerza de Satán se manifiesta como el *ego*, puesto que es el ego el que activa cualquier forma de comportamiento reactivo.

El Oponente está bien equipado para llevar a cabo su papel con éxito. Para empezar, es el maestro supremo de los magos. Sus talentos engañosos se pueden resumir en una frase que aparece en una ingeniosa película llamada *The Usual Suspects (Sospechosos habituales)*, escrita por Christopher McQuarrie:

"¡El truco más grande que el diablo ha llevado a cabo es convencer al mundo de que no existe!"

satán es real

El Oponente es real, y existe dentro de cada uno de nosotros en la forma de nuestro ego. El Oponente se esconde tan bien que hemos perdido el contacto con nuestro verdadero ser —nuestra alma— y, en su lugar, estamos gobernados por los caprichos del ego, sin darnos cuenta de que estamos siendo manipulados por el Oponente. Trabajamos las veinticuatro horas del día y los siete días de la semana para satisfacer cada uno de los deseos de nuestro ego, sin importar lo superficiales o autodestructivos que éstos puedan ser. Estos impulsos que nacen del Oponente nos controlan el 99,999% del tiempo.

El Oponente nos ha engañado para que creamos que somos víctimas de fuerzas externas y de las acciones de los demás. Nos ha convencido de que nuestro enemigo es otra persona en lugar de nuestra propia naturaleza reactiva. Mientras tanto, él se oculta en nuestros puntos ciegos y en las sombras de nuestra mente, acechando en los rincones oscuros de nuestro ser para que nunca sepamos que existe. Él infla nuestro ego para que pensemos que somos brillantes y que tenemos el control de nuestra vida, o nos dice que no somos nada para que nos paralicemos y no sigamos avanzando.

Y lo que es más importante, nos vuelve ciegos ante nuestra propia naturaleza divina para que no podamos reconocer nuestro propósito en la vida. Piensa en ello. ¿Cuántas personas conocemos realmente que miren en su interior cada día e intenten arrancar de raíz sus rasgos reactivos negativos? Sin embargo, ese es el verdadero propósito de nuestra existencia.

Ejercicio: eliminar bloqueos espirituales

El objetivo de este ejercicio es descubrir dónde necesitamos enfocar nuestra atención para descubrir el escondite del Satán, de forma que podamos empezar a eliminar los bloqueos de nuestro progreso espiritual.

Busca un lugar tranquilo en el que puedas sentarte, haz un par de respiraciones lentas y profundas, inspirando por la boca y exhalando por la nariz. Piensa en que tu vida tiene un propósito, que has venido aquí con una misión. Tu alma te trajo a este mundo para lograr algo muy importante y bastante específico. Sólo hay una cosa que te impide llevar a cabo tu misión: tu ego. Tu ego es tu miedo, tu inseguridad, tu duda, tu punto ciego. No puedes ver por qué te sigues encontrando con los mismos problemas una y otra vez porque no reconoces cómo tu egoísmo está causando que otras personas estén molestas contigo, te rechacen o te eviten. Para poder superar a tu ego e ir más allá de los aspectos superficiales de tu ser, necesitas encontrar la valentía para profundizar en tu interior. Cuando vayas más allá de la superficie, te encontrarás en un lugar en el que no hay ego, donde todo lo que existe es tu relación con Dios.

alterar nuestro ADN

Cuando el Oponente se originó, su aparición añadió otro elemento a nuestro *Deseo de Recibir* natural. Es como si nuestro ADN espiritual hubiera sido alterado añadiendo unas letras más al genoma humano.

s.ó.l.o. p.a.r.a. s.í. m.i.s.m.o.

Entonces, la humanidad fue imbuida del *Deseo de Recibir Sólo para Sí Mismo*. Este "gen egoísta" adicional viene del Oponente. Es la fuerza que motiva la naturaleza reactiva de la humanidad, la raíz de nuestro comportamiento individualista, impetuoso e imprudente. Es lo que hace que nuestra transformación de intolerantes a tolerantes sea tan difícil.

El *Deseo de Recibir Sólo para Sí Mismo* no deja ni un pedacito para nadie más. Como un agujero negro en la profundidad del espacio, este deseo engulle todo lo que está a su alrededor, tanto que ni siquiera la Luz espiritual misma puede escapar de su poder.

campos de batalla

*Descubrimos que el universo muestra evidencia de un
Poder delineante o controlador que tiene algo en común
con nuestras propias mentes.*
— Sir James Jeans, físico.

La batalla contra el Oponente se ha estado librando durante mucho
tiempo y, aun así, ocurre en un terreno muy turbio y poco conocido.
Se trata del terreno de la mente humana.

*Imagina que el miembro de una tribu se aventura a salir
de la jungla sin tener ningún conocimiento sobre el
mundo moderno. Se encuentra con un radio transistor
que toca música relajante y la mira con asombro,
creyendo que la caja es la fuente de origen de la
música. Abre el radio y saca accidentalmente el
transistor. La música se detiene. Esto le convence de
que el radio es la fuente. De hecho, él piensa que ha
matado a la pobre criatura. Por supuesto, nosotros
sabemos que, en realidad, la música se origina en una
emisora de radio que se encuentra a kilómetros de
distancia, retransmitiendo a través de ondas.*

Igual que el radio transistor, la fuente de nuestros pensamientos no
se origina en las células del cerebro. En su lugar, el cerebro es una
emisora receptora que capta una señal y luego la retransmite a la
mente consciente.

Durante los años cincuenta, el brillante neurocirujano Wilder Penfield
inició una investigación exhaustiva sobre el fenómeno de la mente-
cerebro. Su objetivo era explicar cómo la conciencia emergió de la

materia física del cerebro. Después de 40 años de estudio, Penfield admitió que había fracasado. En *Mystery of the Mind* (*Misterios de la Mente*, 1975, Princeton University Press), un relevante libro que relata con detalle sus décadas de investigación, Penfield escribió:

> *La mente parece actuar independientemente del cerebro en el mismo sentido en que un programador actúa independientemente de su computadora, a pesar de que pueda depender de la acción de dicha computadora para ciertos propósitos. ¿Pero quién —o qué— es ese programador?*

la guerra de audiencias

Hay dos emisoras —la Luz y el Oponente— que transmiten y envían señales a nuestros cerebros. Es una batalla por el índice de audiencia de la mente. Si pudiéramos aprender cómo distinguir qué pensamientos vienen de la Luz y qué pensamientos se originan en el Oponente, podríamos recuperar el control de nuestra vida.

Un buen punto de partida es el siguiente:

> *Cualquier pensamiento que es fuerte y claro, y nos empuja a reaccionar ante una situación proviene del Oponente.*

> *Si un pensamiento es prácticamente inaudible, sólo una tenue voz que emana de las profundidades de nuestra mente, es la canción de la Luz. Si tenemos un rayo repentino de intuición o inspiración, esta transmisión se origina también en el Reino del 99 por ciento.*

Estas dos frecuencias en las ondas de nuestra mente se expresan de la siguiente forma:

- **Los pensamientos del Oponente se manifiestan como nuestra mente lógica y racional, y nuestro ego.**

- **La señal de la Luz se manifiesta como intuiciones, sueños y una voz sosegada y tranquila en el fondo de nuestra mente.**

Muchos de nosotros descubrimos que estamos desconectados de nuestra intuición. Como resultado, el Oponente gobierna las ondas de radio de nuestra mente con el programa más veterano de todos los tiempos: el comportamiento reactivo.

El secreto para tomar el control de nuestra vida es cortar la señal del Oponente. Cuando ponemos final a nuestros impulsos reactivos, apagamos literalmente su transmisión.

Y lo que es más, cuando lo hacemos con éxito, aunque sea por un momento, la señal de la Luz es ahora libre de entrar en ese espacio. Nuestra vida y nuestras decisiones se enraízan más en la sabiduría que en el ego. Hacemos las elecciones correctas, los pensamientos adecuados vienen a nuestra mente, las palabras perfectas salen de nuestros labios y las emociones proactivas gobiernan sobre los episodios disfuncionales. Las mejores ideas vienen todas de golpe. Incluso podemos ver el valor de un argumento contrario que nos presenta un colega, amigo/a o esposo/a.

Para evitar que todo esto suceda, el Oponente tiene algunas estrategias probadas a su disposición.

tácticas

El único objetivo del Oponente es despertar nuestro *Deseo de Recibir para Nosotros Mismos* con el propósito de que nos desconectemos de la Luz y el 99 por ciento. Tal como hemos visto, su táctica más efectiva es presionar nuestro botón reactivo. Cuando reaccionamos, somos consumidos por pensamientos negativos, impulsos egoístas y deseos egocéntricos.

Y, por lo tanto, perdemos el contacto con nuestra esencia, nuestra alma. Otra tela se coloca sobre la lámpara. La cortina entre el 1 por ciento y el 99 por ciento se vuelve más gruesa. Hay más oscuridad en nuestras vidas y, de esta oscuridad, emerge el caos.

Pero cuando recreamos la Resistencia original —llevada a cabo por la Vasija en el Mundo Sin Fin—, negándonos a reaccionar, estamos siendo proactivos. Estamos estableciendo contacto con la Luz de nuestra alma y con el 99 por ciento.

Sin embargo, como cualquier adversario digno, el Oponente regresa para una segunda ronda.

lo que está arriba, está abajo
lo que está abajo, está arriba

Rav Áshlag dijo que, debido a su visión limitada del cuadro completo, las personas suelen percibir los acontecimientos como el opuesto de lo que realmente son. Para ilustrar este punto, él ofreció este sencillo experimento reflexivo:

> *Imagina una persona que ha vivido en aislamiento total desde su nacimiento. Nunca ha observado ser viviente, ni humano, ni animal, en toda su vida. Delante de él se encuentran un becerro y una bebé humana recién nacidos. Él observa a ambos. La bebé obviamente no puede cuidar de sí misma. No puede gatear, ni mucho menos caminar, y debe ser llevada de un sitio a otro. No puede comunicar sus necesidades de forma clara, ni siquiera puede alimentarse. Si se iniciara un fuego cerca de ella, por ejemplo, no sentiría el peligro. Básicamente, el humano recién nacido está desamparado. Pero el becerro recién nacido examina su entorno. Él sabe que debe escapar del fuego. Puede alimentarse. Tan sólo cinco minutos después de su nacimiento, el becerro puede caminar y nadar.*

¿Qué conclusión sacaría nuestro observador aislado? Probablemente decidiría que el becerro es una criatura más avanzada que el bebé. Rav Áshlag enseñaba que, cuanto más avanzada es una forma de vida en el inicio de su proceso, menos desarrollada será al final. Por el contrario, cuanto menos avanzada es una especie al inicio de su desarrollo, más avanzada y desarrollada será al final.

El mismo principio funciona en todas las áreas de nuestra vida. Las oportunidades que parecen prometedoras desde el inicio a menudo acaban siendo desastres —por ejemplo, un dulce romance suele volverse agrio cuando se topa con la realidad— mientras que situaciones aparentemente desesperanzadoras —por ejemplo una enfermedad o un declive económico— pueden despertar nuestra conciencia a lo que importa realmente en la vida y así proporcionarnos la capacidad de percibir tanto los efectos a corto plazo como el resultado a largo plazo. Nosotros reaccionamos a lo que vemos en el momento.

Nuestra incapacidad de ver el panorama completo es la razón por la cual *el resultado final de cualquier proceso en la vida es exactamente el opuesto de lo que parece al principio.* El Oponente intenta convencernos de lo contrario respecto a esta verdad espiritual incitándonos a reaccionar al momento presente. Él limita nuestra capacidad para considerar las consecuencias a largo plazo despertando en nosotros una respuesta inmediata a toda la información que nos proporcionan nuestros sentidos.

Entonces, cuando estamos en plena reacción, el Oponente va a su arsenal y saca *otra arma más.*

el arma del tiempo

El tiempo es una ilusión. Es una impresión creada, en parte, por nuestros cinco sentidos. En realidad, "ayer", "hoy" y "mañana" están envueltos en un todo unificado. Sin embargo, no podemos revivir los momentos memorables del ayer y tampoco podemos prever los acontecimientos del mañana. Muchos de nosotros apenas podemos lidiar con el presente. Esto crea una ilusión impresionante, ¿no crees?

En verdad, los físicos no tienen ni idea de lo que es el tiempo realmente, ni por qué existe. Ve y pregúntales. Las mentes más privilegiadas de la ciencia admitirán que no lo han descubierto todavía. Describen el tiempo como una banda elástica que puede ser estirada o contraída, pero en lo que respecta a por qué el tiempo forma parte de nuestra realidad, simplemente no lo saben.

Sin embargo, la definición del tiempo y su propósito pueden encontrarse en el *Zóhar*.

Primero, ¿qué es el tiempo?

- El tiempo es la distancia entre causa y efecto.

- El tiempo es la separación entre acción y reacción.

- El tiempo es el espacio entre la actividad y la repercusión, como la separación entre crimen y consecuencia.

por qué existe el tiempo

Sin el tiempo, seríamos penalizados instantáneamente en el momento en que reaccionáramos. De la misma forma, aparecería una recompensa inmediata junto con cada acción positiva y transformación de carácter.

Pero hay un problema con este tipo de respuesta "atemporal" instantánea. A los animales se les puede enseñar a "comportarse" mediante un *entrenamiento de respuesta inmediata*. Un delfín realizará una voltereta doble por un puñado de sabrosos pescaditos. Un poodle ya no dejará más charcos en el suelo si se le reprende cada vez que haya un "accidente". Pero esto es comportamiento reactivo: una reacción a estímulos externos e inmediatos. Peor aún, es un comportamiento ciego y robótico que carece de conciencia, el opuesto exacto a lo que podríamos esperar de un alma librepensadora cortada de la misma tela que lo Divino.

Dentro del tiempo, o la brecha entre causa y efecto, esperamos volvernos conscientes de la insensatez de nuestras características reactivas negativas, así como reconocer las recompensas asociadas con el comportamiento positivo, desinteresado y proactivo. Pero depende de cada uno de nosotros aprender gradualmente tales lecciones por nuestra cuenta.

el libre albedrío

Nuestra única misión en el mundo es elevarnos a un nivel espiritual superior. Tal como hemos visto, se nos ha infundido la característica del libre albedrío cuando se trata de cambiar nuestra forma de hacer las cosas y ascender la escalera espiritual. Y el libre albedrío *sólo* puede existir si se inyecta el tiempo en nuestra existencia.

La parte negativa de todo esto es que el tiempo puede crear la ilusión de que la bondad no tiene recompensa y que la maldad no tiene castigo, aunque tan sólo se trate de una respuesta retardada por parte del universo.

Tal como hemos visto, este "efecto postergación" nos da la libertad de elegir entre el bien y el mal. Ten en cuenta también que el mal comportamiento es mucho más que la violencia, o incluso el asesinato. Las palabras crueles a un desconocido que te adelanta por la carretera o una mirada degradante a tus hijos también pueden poner el mecanismo de causa-y-efecto en funcionamiento. De hecho, difamar a una persona es tan malo como matar a una persona físicamente.

El pecado del derramamiento de sangre no se limita a actos de violencia física. El derramamiento de sangre también se refiere a la sangre que fluye al rostro de una persona por vergüenza o humillación cuando ha sido deshonrada frente a otros.

Cualquier acción, amable o no, pone en marcha una reacción en cadena de efectos.

Así es cómo funciona esta reacción en cadena:

En este universo hay una ley de causa y efecto. Lo que damos es lo que recibimos. Basándonos en esta ley, podemos asumir que, cuando reaccionamos de una forma negativa, debe haber un efecto negativo inmediato en nuestras vidas. Lo opuesto también es cierto: cuando llevamos a cabo un acto de amabilidad, nuestros deseos deben hacerse realidad instantáneamente. Sin embargo, el Oponente arroja el tiempo en medio del proceso de causa-y-efecto y, por lo tanto, los resultados de nuestras acciones *se retrasan*. De esta forma, creemos que hemos salido impunes de nuestra acción hiriente o que no hay recompensa por nuestra bondad.

Esta distancia entre causa y efecto nos impide percibir las conexiones entre los sucesos que ocurren en nuestra vida. Podemos haber plantado una semilla hace treinta años pero, para cuando ésta brota, ya nos hemos olvidado de ella. Por lo tanto, un árbol aparece "repentinamente" de la nada. El caos o las bendiciones parecen ser repentinas porque el tiempo ha separado la causa del efecto, pero nada en este mundo sucede así. Todo puede rastrearse hasta llegar a alguna semilla plantada en nuestro pasado.

El tiempo crea la ilusión de aleatoriedad cuando, en realidad, hay un orden.

el tiempo reactivo

Nuestros cinco sentidos nos impiden ver a través de la ilusión del tiempo, por lo que reaccionamos a las influencias del tiempo de otras formas. Considera conceptos relacionados con el tiempo como el pasado, el presente y el futuro.

Ayer: Con mucha frecuencia, nos encontramos aferrados al pasado. Ya sea que nos sintamos nostálgicos o resentidos, si estamos viviendo en el pasado, somos sus prisioneros. El pasado está bloqueando sentimientos, así como nuestra capacidad para vivir en el presente.

Hoy: A muchos de nosotros nos resulta tentador huir de los desafíos y las presiones del momento presente. Así que postergamos las cosas y vivimos en negación con respecto a nuestra situación actual.

Mañana: Estamos llenos de ansiedad o falsas esperanzas sobre lo que será. Tenemos miedo del futuro desconocido o lo utilizamos como una excusa para no lidiar con el hoy. No estamos seguros de qué decisión tomar ni de cuáles serán los resultados de nuestras elecciones. El miedo y el falso optimismo nos consumen e impiden que asumamos la responsabilidad de nuestra vida.

Todas estas emociones son reacciones, señales de que hemos permitido que el tiempo controle nuestras vidas.

Sin embargo, cuando nos *resistimos* a nuestras reacciones referentes al tiempo, nos convertimos en los amos del tiempo y obtenemos de forma efectiva la capacidad de manejarlo. Podemos ralentizarlo o acelerarlo, desafiando la lógica. Ciertamente, si no fuera por Einstein, la idea de que el tiempo es una ilusión sería rechazada rotundamente como algo místico o de ciencia ficción.

el tiempo es uno

Nos parece que el pasado ya se fue y el futuro todavía no está aquí. Sin embargo, el pasado y el presente están siempre con nosotros. Son sólo los límites de nuestra conciencia los que nos impiden percibir el ayer —y el mañana— ahora mismo.

¿Pero cómo pueden existir el pasado, el presente y el futuro al mismo tiempo?

Utilicemos otro experimento reflexivo:

Imagina un edificio de treinta pisos. Ahora estamos en el decimoquinto piso, que representa el momento presente. Los pisos del primero al decimocuarto representan los incrementos de tiempo que nos llevaron hasta el momento presente. Los pisos del decimosexto al trigésimo representan el futuro.

¿Qué percibimos actualmente con nuestros cinco sentidos?

Sólo el decimoquinto piso.

No podemos ver los pisos que están más abajo y tampoco podemos ver los que están más arriba.

Sin embargo, todos los pisos —es decir, el pasado, el presente y el futuro— existen como un todo unificado: el edificio entero de treinta pisos. Y si pudiéramos flotar fuera del decimoquinto piso del edificio y mirar el

edificio desde cierta distancia, ¡podríamos ver todos los
pisos al mismo tiempo!

Esta es una simpática idea abstracta para atraer a la mente, pero ¿cuál es la lección para nuestra vida? ¿A quién le importa si el tiempo —pasado, presente y futuro— es realmente uno solo? ¿A quién le importa que el mañana esté aquí ahora mismo? No podemos ver el mañana ni podemos revivir el ayer, así que, ¿en qué nos beneficia esta información?

la prueba del tiempo

Cuando nos comportamos de forma proactiva, el Oponente utiliza el tiempo para sabotear nuestros logros. Si pensamos que hemos sido proactivos pero todavía estamos preguntándonos cuándo recibiremos la Luz, nuestro adversario ha ganado otra ronda plagándonos con su duda.

Si aplicamos la Resistencia en una situación dada y el Oponente arroja un poco de tiempo en el proceso, la Luz espiritual que está viniendo hacia nosotros puede que no brille inmediatamente. El retraso es una prueba adicional para asegurarnos de que nuestra respuesta proactiva fue genuina. Si reaccionamos al retraso, perdemos.

De la misma forma que el tiempo es la distancia entre el crimen y el castigo, es también el espacio entre la Resistencia y la Luz.

los trucos con el tiempo

La cosa puede ponerse todavía más complicada. Imagina que una recompensa maravillosa le está esperando a alguien por una acción proactiva que hizo diez años antes. Ahora, en el momento preciso en que esta misma persona comete una acción negativa, el Oponente elimina el tiempo del proceso de causa-y-efecto de la acción positiva previa y, "de repente", a esta persona le cae del cielo una recompensa justo después de que haya cometido el acto negativo. Ahora parece como si esta persona recibiera Luz por su comportamiento erróneo. Parece como si esta persona saliera impune de un crimen que ha beneficiado otras áreas de su vida.

El otro lado de esta historia es igual de confuso. Una persona *resiste* el impulso de reaccionar negativamente al elegir, en su lugar, ser proactiva. Pero hay una retribución negativa pendiente por una acción reactiva previa, motivo por el cual el caos aparece en su vida, aparentemente en respuesta a la elección positiva.

Escenarios como estos crean la ilusión de que la vida carece de justicia y que la bondad no tiene recompensa; todo porque no entendemos la naturaleza del tiempo y la ley espiritual de causa y efecto. Y en la ausencia de este conocimiento, lo que nos motiva es el momento, el impulso de satisfacer de forma inmediata y constante nuestros impulsos reactivos que nacen del ego.

tiempo de asumir las consecuencias

El tiempo es la razón por la cual la vida parece a menudo enloquecedora, caótica, fortuita y totalmente fuera de control. Pero en algún momento, cada uno de nosotros comemos el fruto de nuestras acciones negativas, ya sean triviales o significativas. Puedes contar con ello. Puede llevar meses. Años. Décadas. Incluso toda una vida. Pero el día llegará.

el arma de la complacencia

La espiritualidad, desde un punto de vista kabbalístico, *no* se trata de subir una montaña para entrar en comunión con Dios meditando junto a un arroyo de aguas claras mientras los pájaros cantan. Esto puede resultar una experiencia tranquila, pacífica y rejuvenecedora, pero no es el propósito de nuestras vidas. Desconectarnos de los desafíos y aislarnos mientras apreciamos la majestuosidad de la naturaleza son formas maravillosas de reponer nuestra energía, pero *no* es una forma efectiva de lograr el crecimiento espiritual.

Bajamos de la montaña, por decirlo así, para relacionarnos con el caos, las dificultades y las cargas de este mundo, y de esta forma poder confrontar —y transformar— los detonantes que disparan nuestras reacciones. Cada detonante nos da la oportunidad de convertirnos en la causa de nuestra propia realización. Así es como recomponemos el rompecabezas de la Creación. Como dice un proverbio antiguo:

> *Las mareas calmas no crean marineros hábiles.*

El buen carácter no nos hace ganar puntos en la vida. Nuestros rasgos maravillosos y nuestras cualidades entrañables no sirven ningún propósito práctico cuando se trata de alcanzar nuevos niveles de realización y Luz. Nuestros atributos positivos *ya* están en un estado proactivo. Son nuestras cualidades negativas las que nos dan la oportunidad de ser la causa de nuestra propia transformación.

Vinimos a este mundo para crear un cambio positivo en nosotros mismos y en el mundo que nos rodea. El cambio positivo *siempre* encontrará Resistencia, obstáculos y conflictos. Debemos acoger estas situaciones difíciles. Un hombre puede vivir en un pequeño pueblo, en una casa modesta con una cerca de madera blanca y un jardín maravilloso del que se ocupa todo el día. Es una buena vida, una vida tranquila. A la edad de 95 años, cuando fallece pacíficamente mientras dormía, parece que ha gozado de una existencia ideal. ¿Pero logró su propósito en este planeta? ¿Hubo algún cambio interno durante la vida de este hombre? ¿Era un ser espiritual diferente, más evolucionado a la edad de 95 años de lo que lo fue a los 35 o 65 años?

Mi padre solía decirme que algunas personas viven el equivalente de 70 años de vida en un solo día, mientras que otros viven el equivalente de un solo día en 70 años. La cerca de madera blanca, la jubilación anticipada, la vida "sencilla"; todas ellas llevan a la complacencia. Esta complacencia puede ser un arma poderosa en las manos del Oponente, quien infundirá un deseo de comodidad y simplicidad dentro de nosotros para impedir que hagamos un cambio interno. Entonces, cuando sea demasiado tarde, nos daremos cuenta de que no hemos tenido ningún impacto en este mundo.

O, lo que es peor, iremos a nuestras tumbas sin siquiera saber qué vinimos a hacer aquí.

el arma del espacio

Igual que el tiempo, el espacio también puede engañarnos para que pensemos que un área de nuestra vida no tiene ninguna relación con las demás. Si somos tiburones en los negocios, alimentándonos reactivamente de compañeros de trabajo o de los clientes, el Oponente tiene el poder de redirigir los efectos de esta negatividad a nuestra vida familiar, por ejemplo, o a nuestra salud. De la misma forma, cuando engañamos a nuestra pareja, el Oponente puede hacérnoslo pagar con la pérdida de un negocio.

Cuando la Luz que generamos con nuestra conducta proactiva en los negocios se materializa en nuestra vida personal, el Oponente puede intentar mantenernos tan preocupados por el negocio que estemos demasiado ocupados para recibir la recompensa de una pareja que nos ame de verdad y unos hijos felices y sanos. Cuando la Luz que se nos debe no se materializa de la manera que pensamos, asumimos que el sistema no funciona.

El Oponente limita nuestra perspectiva, enfocando nuestra atención en las situaciones que alimentan nuestro ego, de forma que no podamos apreciar la riqueza que la vida nos ofrece y las bendiciones ocultas que recibimos diariamente.

El espacio también crea un lugar en el que habita el Oponente. Cada vez que reaccionamos, cortamos brevemente nuestra conexión con el 99 por ciento. Esta desconexión crea un espacio, un lugar vacío de Luz donde se esconde el Oponente. Aquí es donde el Oponente crea el caos. La Luz y la oscuridad no pueden coexistir. Cuanto mayor es el espacio, mayor es la presencia del Oponente y más doloroso es el caos.

¿Recuerdas el rompecabezas? Cuando se arma un rompecabezas no hay espacio entre sus piezas. El espacio entre las partes individuales crea desorden: cuanto más espacio, más caos. Por muy simplista que suene, nuestro mundo y nuestras vidas son como un rompecabezas. Cuando estamos unificados, hay armonía y completitud, pero cuando estamos separados por ideologías o diferencias, hay dolor.

Sólo hay *una* forma de eliminar verdaderamente el espacio: *eliminando* la separación que existe entre nosotros y el 99 por ciento.

nanotecnología

De forma breve, la nanotecnología se refiere a la ciencia de manipular átomos y moléculas. El término "nano" hace alusión a un nanómetro (nm), que se traduce como la milmillonésima de un metro o la millonésima de un milímetro. Dicho de otra forma, de tres a cinco átomos caben dentro de un nanómetro. Estamos hablando de las medidas de espacio más pequeñas que existen.

El trabajo para construir cosas a este nivel tiene el potencial de crear beneficios como la fabricación libre de contaminantes, computadoras invisibles, materiales extremadamente resistentes y máquinas microscópicas que pueden recorrer el interior del cuerpo de una persona y reparar órganos defectuosos átomo por átomo. También podemos ver los beneficios de "menos espacio" en otras áreas de la tecnología. A medida que el espacio se encoge y la materia física se reduce, la tecnología se vuelve más poderosa. Considera el primer cable telefónico transatlántico. Esta voluminosa línea transportaba unas 32 llamadas de teléfono aproximadamente. Podrías asumir que para añadir más llamadas sólo tendría que agrandarse el cable, pero esta es una forma de pensar antigua. Hoy en día, los científicos reconocen que menos materia y menos espacio, no lo opuesto, equivalen a más poder. Un cable de fibra óptica micro delgado es capaz de transportar 320.000 llamadas en un simple hilo de luz.

Entonces, ¿cómo ponemos fin al caos? Simplemente eliminando el espacio entre nosotros y los demás, entre nosotros y nuestro mundo. La diferencia entre un científico y un kabbalista es que un científico utiliza todavía herramientas físicas, aunque muy pequeñas, para manipular un átomo con la nanotecnología. Pero todo lo físico ocupa un espacio, y el espacio siempre incluye al Oponente. En cambio, un kabbalista manipula los átomos con conciencia y Luz. Y como no hay espacio en la Luz, no hay lugar para que el Oponente lo eche todo a perder.

Cuando detenemos nuestras reacciones, todo el espacio se desvanece a medida que alcanzamos unidad con la Luz en ese preciso momento. El Oponente se queda sin hogar. Todos los átomos a nuestro alrededor siguen la orientación de nuestra alma, en lugar de la voluntad de nuestro adversario. Mientras fortalezcamos nuestra conciencia con sabiduría, nuestro destino final será el control absoluto sobre el espacio, el tiempo y la materia. La conciencia es nanotecnología en su forma más pura. No hay duda de ello.

el arma del disfraz

Una de las armas más potentes del Oponente es su capacidad para confundirnos.

En el trascurso de todas las fusiones y adquisiciones, todas las absorciones, las negociaciones, la creación de riqueza, los ascensos, los cambios de empleo, las peleas matrimoniales, los divorcios, las demandadas, las operaciones de *bypass*, las traiciones, los chismes, las críticas, las racionalizaciones, las justificaciones, la permisividad y la culpabilización, pensamos que nuestros oponentes son nuestros vecinos, nuestros enemigos, incluso nuestros amigos, a quienes nos sentimos obligados a superar con nuestros automóviles, nuestras ideas, nuestro intelecto y nuestras capacidades.

Pensamos que nuestro Oponente es la competencia, o la persona del trabajo que se lleva todo el crédito por el trabajo que hacemos nosotros, o el contratista que se niega a finalizar el trabajo por el cual le hemos pagado, o la persona del Departamento de Vehículos Motorizados que nos hace esperar en la fila sólo para decirnos que no puede ayudarnos. Quizá nuestro Oponente es todo este mundo podrido —este sistema corrupto que nos ha fallado y nos ha perjudicado— quizá es por eso que nuestras vidas son tan frustrantes y duras.

Pero no es así. El Oponente es un maestro del disfraz que se proyecta en otras personas para que veas al enemigo en la otra persona. Pero, en realidad, estás jugando en contra del Oponente; *y ni siquiera lo sabes.*

Cuando alguien te lastima y tú reaccionas, eres tú el que pierdes. Incluso más profunda es la verdad universal que dice que *tú merecías ser lastimado por esa persona* debido a un acto negativo que cometiste en algún momento anterior de tu vida. Sé que es difícil, pero intenta recordar este hecho la próxima vez que la vida te golpee en la cabeza.

Y esto nos lleva al Sexto Principio de la Kabbalah:

Sexto Principio:
Nunca —y eso Significa Nunca— Culpes a otras Personas o Sucesos Externos.

desenmascarando a nuestro verdadero adversario

Hay una técnica muy poderosa y efectiva que te ayudará a poner este principio en práctica. Siempre que alguien te haga algo realmente horrible, imagina que puedes ver al Oponente susurrando al oído de esa persona, siendo así el causante de todo su comportamiento negativo, lo cual, por cierto, es exactamente lo que está sucediendo. Debes ver a la persona que está frente a ti como una marioneta indefensa bajo la influencia total del Oponente.

Mi padre, el Rav, escribió lo siguiente en su libro *Educación de un Kabbalista*:

> "Rav Brandwein me enseñó a mirar a aquellos que puedan odiarme como simples mensajeros o herramientas de la oscuridad. 'Si una persona te atacara con un palo', me preguntaba, '¿le devolverías el golpe al palo o a la persona que lo sujeta? Lo mismo ocurre con el odio. La oscuridad y la negatividad son las verdaderas fuerzas detrás de todo odio, y debemos concentrar cada gramo de nuestra atención en esas fuentes, no en los mensajeros. Mientras tanto, los ataques que recibimos nos ayudarán a lograr nuestra corrección personal. La persona que nos ataca recibirá su pago, no te preocupes por eso. Puesto que todas las personas tienen la elección de expresar o no expresar odio, su decisión de hacerlo es una señal de que han sucumbido a las fuerzas de la oscuridad, y esto sólo puede disminuir su propia Luz'".

Enojarte con la persona que te lastima es como enojarse con el palo. Reconoce el verdadero culpable. Debes saber que el Oponente estará ganando mientras trata de esparcir las llamas del odio y el conflicto entre tú y la otra persona.

Ejercicio: Liberar las emociones negativas del pasado

Quiero que aproveches esta oportunidad para conectarte con un momento en el que permitiste que el Oponente dirigiera tus pensamientos.

Cierra los ojos. Siéntate en un lugar tranquilo y viaja en tu mente hasta un momento en el que te sentiste como una víctima. Obsérvate a ti mismo en la situación. Reconoce cuán enfadado te sentías; cuán herido, traicionado, estafado y abandonado. Lo más probable es que estos sentimientos no desaparecieran rápidamente. Todos tenemos una lista de resentimientos que podemos recordar en cualquier momento. Así de vívidas y presentes están estas experiencias en nuestras mentes.

Fíjate en tu actitud en aquel momento. Date cuenta de lo defensivo que te pusiste. ¿Estás todavía atascado en este patrón autodestructivo? Ahora, hazte la siguiente pregunta: *¿qué pasará si permanezco en esta posición de culpar a otros?*

¿Qué sucederá en tu próxima relación? ¿Cómo te enfrentarás al próximo jefe desafiante o al próximo cliente que se queje? ¿Cómo manejarás a tus hijos cuando te pongan a prueba? Es difícil ver con claridad cuando estás en plena reacción. Cuando estamos atrapados en la culpa y la queja, no vemos al Oponente susurrando en nuestra conciencia. Esta es una de las cosas más difíciles en el logro de la transformación: sencillamente no vemos al Oponente en acción mientras trabaja contra nosotros. Pero utilizando la visualización, enfocándonos en la imagen verdadera, podemos desenmascarar a nuestro adversario real.

Si no desafiamos nuestros sentimientos de ira, interpretaciones, juicios o conclusiones que extraemos, ¿será diferente nuestra respuesta al próximo desafío de nuestra vida? ¿Es ahí donde queremos estar?

¿Qué alternativa tenemos? *Podemos elegir ser la causa o podemos elegir seguir siendo el efecto.*

Ahora invirtamos este escenario. ¿Cómo puedes pasar de la culpa a crear una situación completamente distinta? Recuerda, el primer paso es hacer una pausa y preguntarnos: espera un momento, ¿quién es el adversario real? ¿Qué aspecto de mí mismo estoy viendo aquí, y cómo puedo transformarme y crecer gracias a esto?

Hay una retribución a corto plazo por ser el efecto: no tienes que asumir la responsabilidad. Pero el mayor inconveniente es que nada cambiará jamás, y nunca experimentarás el tipo de plenitud que estás buscando. Ahora mismo, tienes la oportunidad de identificar aquello que necesitas hacer de una forma distinta. Sin embargo, si no aprovechas esta oportunidad, este escenario de culpa se repetirá una y otra vez hasta que tú, y sólo tú, cambies a nivel de la semilla.

¿Cómo puedes cambiar el nivel de la semilla?

la resistencia y el arte de la transformación

la resistencia y los cortocircuitos

Cuando hablo de la Luz con "L" mayúscula, me estoy refiriendo a la Luz infinita del Creador, la fuente de toda satisfacción. Cuando hablo de la luz con "l" minúscula, me estoy refiriendo a la luz solar o la luz de una bombilla de luz. Tanto la *luz* como la *Luz* pueden verse en funcionamiento en los principios universales.

Examinemos cómo funciona una bombilla de luz. Dentro de ésta hay tres componentes:

- Un polo positivo (+)

- Un polo negativo (–)

- Un filamento que separa el (+) del (–)

De los tres componentes, el filamento es el más importante. ¿Por qué digo esto? Porque sin un filamento no puede haber luz duradera. El filamento actúa como una *resistencia*, haciendo retroceder la corriente que fluye desde el polo positivo y evitando que se conecte directamente con el negativo. Esta resistencia es la razón por la cual la luz se enciende. Cuando el filamento se rompe, la corriente positiva se conecta *directamente* con la negativa y la bombilla de luz entra en cortocircuito. Entonces se quema, produciendo un destello brillante, aunque sólo momentáneo.

la metáfora de la bombilla de luz aplicada al mundo sin fin

- El polo negativo de una bombilla de luz corresponde a la Vasija.

- El polo positivo corresponde a la Luz.

- El filamento corresponde al acto de Resistencia de la Vasija, el cual causó el *Big Bang*.

En el momento en que la Vasija se resistió y dejó de recibir Luz en el Mundo Sin Fin, cambió de un estado reactivo a un estado proactivo. A partir de aquel primer acto de Resistencia, nacieron las reglas para revelar tanto la *luz* como la *Luz*.

la metáfora de la bombilla de luz aplicada a la vida

- El polo negativo de una bombilla de luz corresponde a nuestros deseos reactivos.

- El polo positivo corresponde a la plenitud y la Luz que buscamos en la vida.

- El filamento corresponde a nuestro libre albedrío de elegir no reaccionar, dejando pasar el placer directo a favor de la satisfacción a largo plazo.

Igual que la resistencia del filamento mantiene la luz encendida en una bombilla, la resistencia a nuestro comportamiento reactivo hace que la Luz espiritual siga brillando. Cuando no logramos aplicar Resistencia a nuestros impulsos, creamos un cortocircuito espiritual y ocurre una conexión directa entre nuestro deseo (polo negativo) y la Luz (polo positivo). Entonces se produce un destello momentáneo de conexión autoindulgente, seguida de oscuridad; el alma se quema.

un universo de resistencia

El concepto de revelar Luz a través de la Resistencia está tejido en la tela misma del universo. Cuando escuchamos a un violinista tocar un instrumento, las ondas de sonido se crean a través de la resistencia que produce el arco al rozar las cuerdas. Escuchamos la música cuando nuestros tímpanos *resisten* el sonido.

¿Habrás visto todas esas imágenes de la Tierra vista desde el espacio, no? Como una joya azul resplandeciente, la Tierra está iluminada en contraste con la oscuridad. Este es el principio de la Resistencia en funcionamiento. La atmósfera de la Tierra *resiste* los rayos del sol, creando así luz. Pero debido a que el vacío del espacio no proporciona ninguna resistencia al sol, el resultado es la oscuridad, aunque los rayos solares inunden nuestro sistema solar por completo.

Poseemos el libre albedrío para que podamos *resistirnos* al flujo de energía directa que cumple inmediatamente nuestros deseos. El libre albedrío sólo puede ejercitarse cuando hay algo a lo que resistirse; este es el propósito del Oponente y de los desafíos que pone en nuestro camino.

El Séptimo Principio de la Kabbalah lo expresa así:

> Séptimo Principio:
> **Resistir Nuestros Impulsos Reactivos Crea Luz Duradera.**

el poder de un cortocircuito

Recuerda un momento en el que se quemó una bombilla de luz en tu casa. Cuando ocurrió el cortocircuito, se produjo un destello intenso y momentáneo de luz. *Luego hubo oscuridad.*

¿Qué ocurrió?

El filamento se rompió.

El polo positivo se conectó directamente con el polo negativo.

¡Puf!

Un cortocircuito.

Una explosión de luz.

Oscuridad.

¿Te has fijado en que la chispa de luz generada por un cortocircuito es siempre más fuerte y brillante que la luz de la bombilla de luz cuando alumbra normalmente? La Luz espiritual funciona de la misma manera. El placer momentáneo invocado por el comportamiento reactivo es mucho más poderoso y embriagador que el placer continuo de Luz que se genera a través de la Resistencia. Pero un destello reactivo de placer siempre irá seguido de oscuridad.

Estas son las leyes de la corriente eléctrica. Y también son las leyes de la corriente espiritual.

la tentación

El Oponente nos pone oportunidades de obtener gran placer frente a nuestros cinco sentidos. Con demasiada frecuencia, aceptamos su ofrecimiento porque el comportamiento reactivo es muy tentador. Provoca una explosión abrumadora de energía.

La *intensidad* de la Luz resistida puede que no sea tan brillante como el destello de un cortocircuito, pero la iluminación que produce la Resistencia es muy duradera.

Las drogas y el alcohol son una demostración del poder de un cortocircuito. Las sustancias intoxicantes elevan al alma a niveles más altos de la atmósfera espiritual. Tal como apuntó el psicoanalista Carl Jung, no es accidental que las bebidas alcohólicas se llamen también bebidas espirituosas. El problema es que las drogas nos conectan directamente con la energía de Luz. Como resultado, hacemos cortocircuio. Caemos. Nos quemamos. Y luego nos apagamos.

Hay una diferencia importante entre las razones morales para abstenernos de las drogas y el punto de vista kabbalístico. Aunque nuestro propósito en la vida es ascender a estados más elevados de conciencia, las drogas y el alcohol son inadecuados para llevar a cabo esta intención a largo plazo. Necesitamos encontrar formas de lograr este estado más elevado de conciencia permanentemente, en lugar de momentáneamente. Pero el Oponente utiliza el poder de la gratificación inmediata y del placer instantáneo para despertar nuestras reacciones. Su único propósito es tentarnos para que creemos cortocircuitos y, finalmente, nos sumerjamos en la oscuridad.

dieta intensiva

Bárbara tiene un sobrepeso de 13 kilos. Ha estado haciendo dieta y ejercicio durante un par de semanas. Pero entonces, alguien le ofrece un trozo de pastel de chocolate, su favorito. El instinto reactivo de su cuerpo es aceptar gentilmente. Pero en la mente de Bárbara se cuece un conflicto: ¿debe abandonar la dieta por ahora y empezar de nuevo el lunes, o debe apretar sus dientes y seguir el programa?

Bárbara intenta apelar a su fuerza de voluntad. Invoca tanta fuerza como puede mientras intenta recordar la pasión que puso en su compromiso inicial de perder peso. Ella quiere encontrar desesperadamente esa voluntad de dedicarse a una vida más sana (y sí, además quiere volver a entrar en sus viejos pantalones). Bárbara quiere ser fiel a su objetivo de perder peso. Ella sabe que debe resistirse.

Pero ahora alguien más ha entrado en escena. El Oponente llena la mente de Bárbara con deseos muy vívidos y tentadores, y Bárbara se encuentra lentamente rindiéndose ante la idea de lamer un tenedor bañado de cremoso chocolate. Finalmente, sucumbe a su impulso reactivo.

Una vez ha entregado el control, ya puede comer tanto pastel como quiera. O al menos, eso es lo que le dice el Oponente. Así que se lo come. Y sabe de maravilla. Pronto el cuerpo de Bárbara está disfrutando de la anandamida que se encuentra en el chocolate y que induce el mismo tipo de sensación placentera que la marihuana. Las sensaciones agradables no se detienen ahí. El sabor dulce del chocolate libera endorfinas en el cerebro y le proporciona una ráfaga de euforia. Esta delicia decadente también contiene teobromina y cafeína, las cuales le proporcionan un estímulo mental. Entonces viene la feniletilamina, también conocida como FEA, que aumenta la frecuencia cardíaca y la presión sanguínea, estimulando el sistema nervioso y proporcionando la misma sensación de hormigueo que cuando estamos enamorados, sin mencionar la subida de azúcar. ¡Gratificación instantánea!

Pero la historia no se acaba aquí. La ráfaga de placer se desvanece. El azúcar en la sangre de Bárbara cae en picado. Ahora Bárbara se siente abrumada por esos sentimientos tan conocidos para ella: culpa, arrepentimiento, depresión y decepción.

Si Bárbara hubiera resistido su deseo reactivo de consumir el pastel y se hubiera comido una manzana en lugar de ello, su cuerpo y su alma se habrían sentido saciados. No de una forma intensa, sino de una manera atemperada, equilibrada y satisfactoria. Y lo que es más importante, los sentimientos de logro, autovaloración y plenitud se habrían quedado con ella.

Cada día, nos enfrentamos a situaciones desafiantes en el trabajo, el entorno social y la vida familiar. ¿Continuaremos reaccionando a todos los estímulos externos que llegan a nosotros de todas las direcciones? ¿O detendremos esas reacciones para traer un poco de cordura espiritual a nuestras vidas?

Por alguna razón, no resulta fácil resistirse a la gratificación inmediata. Preparamos nuestra mente con el objetivo de no reaccionar pero, cuando llega el momento, se nos tiende una emboscada con los placeres fugaces de un momento reactivo. Cuando leemos estas ideas de este libro, nos entusiasmamos en el momento. Sin embargo, al día siguiente, cuando alguien nos insulta, un negocio se trunca o alguien habla mal de nosotros, caemos de nuevo en nuestras costumbres reactivas.

Es increíble como algo que pensamos que va a proporcionarnos tanta emoción puede agotarse tan rápidamente. Por un segundo, obtenemos el destello de una Luz increíble, y luego se vuelve oscuro. Pensamos:¡Vaya! Vamos a conseguir un montón de cosas maravillosas. Vamos a conseguir este ascenso. Vamos a ganar más dinero. Vamos a salir con aquel chico o aquella chica tan guapos. Vamos a mudarnos a la casa de nuestros sueños. Vamos a adquirir ese auto nuevo. Y cuando conseguimos lo que *pensamos* que queremos, la Luz brilla intensamente durante unos momentos. Pero luego la emoción empieza a perder intensidad.

No podemos llevarnos nada con nosotros cuando morimos. No se trata de nuestra cuenta bancaria, nuestro estatus o nuestro poder. Si no somos lo suficientemente buenos sin esas cosas, nunca seremos lo suficientemente buenos *con* ellas. Quiénes somos en este mundo es, en realidad, la suma total de Luz que hemos revelado a través de nuestra transformación. Una vez que empezamos a entender esto — y comenzamos a vivir de esta forma realmente— resulta increíblemente liberador.

Esto nos lleva al Octavo Principio de la Kabbalah:

> Octavo Principio:
> **El Comportamiento Reactivo Crea Chispas Intensas de Luz, pero Eventualmente deja una Estela de Oscuridad.**

represión versus resistencia

Resistir no significa reprimir. No significa que tengo que ocultar mis sentimientos debajo de la alfombra. Por ejemplo, si alguien me provoca, me enojo. No voy a entrar en negación y actuar como si no estuviera enojado. La resistencia, en efecto, significa decirte a ti mismo: *Sé que estoy tan enojado que probablemente voy a decir algo de lo que me arrepentiré más tarde, así que ahora mismo voy a darme un poco de tiempo. Voy a presionar el botón de pausa y a esperar unos momentos. Voy a recapacitar y a preguntarme: ¿cómo quiero manejar esta situación? Me voy a dar un paseo y, cuando me calme, podremos hablar de ello.*

Si hablo desde una emoción de rabia explosiva, es imposible que mis acciones creen plenitud. Puede ser importante que exprese por qué estoy enojado, pero debo hacerlo cuando no estoy en modo reactivo. Puede que necesite ser asertivo, pero puedo hacerlo sin provocar más enojo, diciendo por ejemplo: "Escucha, necesito hablarte de algo. Estoy molesto por lo que hiciste. Me gustaría que entendieras mi postura. ¿Malinterpreté algo?".

La Resistencia tampoco se trata de reprimir nuestros deseos. En lugar de ello, se trata de no intentar recibirlo todo de una sola vez. Te daré un ejemplo sencillo. A mí me encanta el chocolate, el pastel de chocolate en particular (como puede que hayas deducido por mis numerosos ejemplos anteriores). Pero también me he dado cuenta de que después de haber comido un trozo de pastel de chocolate es el momento de apretar el freno porque, si continúo comiendo, acabo con dolor de cabeza. Por ahora, un trozo es suficiente. La Resistencia no significa que me tenga que dejar de gustar el chocolate. ¡Me encanta! No estoy reprimiéndome ni suprimiendo mi deseo de comer pastel de chocolate, pero estoy eligiendo limitar cuánto me como.

Todos queremos Luz. Esa es una de las primeras leyes universales. A todos nos motiva el deseo de satisfacción duradera, pero es importante que nos aseguremos de no atraer demasiada Luz de una sola vez. Es algo similar a una esponja que se satura y no puede absorber más agua.

Si intento atraer demasiada atención, si me encanta escucharme hablar a mí mismo, es probable que cause conflicto a mi alrededor porque las personas se cansarán de mí. Debo decirme a mí mismo: "¿Sabes qué? Necesito aplicar la fórmula de la transformación en esto y apagar mi sistema reactivo. Es momento de dejar de hablar". De esta forma, controlo la necesidad de que todo se trate de mí. El deseo de tomar cosas para nosotros mismos forma parte de nuestra naturaleza, aún así necesitamos aprender cómo controlar cuánto estamos tomando.

Existe una línea muy delgada entre desconectar nuestros sistemas reactivos y reprimir nuestras emociones. Las emociones reprimidas ganan fuerza. La presión se acumula y, eventualmente, explotamos.

La Resistencia, por el contrario, crea una lucha momentánea, que va seguida rápidamente de la calma y la claridad. Si alguien nos enoja y aplicamos la resistencia de una forma sincera y auténtica, no habrá animosidad ni venganza en nuestros corazones. No nos sentiremos insultados ni lastimados. Si sentimos esas emociones, si todavía estamos atrapados en el drama del momento, eso significa que no hemos sido capaces de reconocer y aprovechar la oportunidad/lección real. No hemos sido capaces de ver al Oponente desafiándonos para que nos convirtamos en una mejor versión de nosotros mismos.

Esta es nuestra pista: cuando reconozcamos que el enojo y otras emociones negativas son pruebas para ver si podemos estar a la altura de la situación, ganarnos nuestras bendiciones y eliminar el Pan de la Vergüenza, sabremos que hemos aplicado la Resistencia. Sentiremos la presencia de la Luz que resulta de nuestra acción transformadora.

Al principio, el esfuerzo que hacemos será una combinación de represión y Resistencia auténtica. Eso está bien. Sólo con hacer un esfuerzo de forma gradual estamos eliminando capas de emociones reactivas. El esfuerzo consistente en la aplicación de la Resistencia limpiará progresivamente el comportamiento insensato, los deseos egoístas y los pensamientos negativos de nuestra naturaleza. La *certeza* de que estamos atrayendo Luz y la *conciencia* de este proceso, el cual forma parte del sistema espiritual, son tan importantes como nuestros intentos de aplicar la Resistencia.

Nuestra capacidad para resistirnos a las emociones reactivas se vuelve más refinada a medida que seguimos creciendo. A medida que experimentamos este proceso e integramos estos principios, nos volvemos más expertos.

sobrellevar versus resistencia

Cuando nos resistimos al impulso de reaccionar, y por tanto creamos un espacio para que la Luz entre en nuestro ser, esta energía espiritual se transforma y purifica nuestra conciencia. Por otro lado, si nos limitamos a sobrellevar, no seguiremos avanzando. Cuando aplicamos la Resistencia con la conciencia de que estamos eliminando Pan de la Vergüenza y creciendo para convertirnos en lo que vinimos a ser, nuestras acciones inyectarán Luz en la semilla del problema. Saber que estamos transformándonos de reactivos a proactivos generará Luz. Esta Luz iluminará la causa raíz oculta de nuestra ansiedad, eliminando gradualmente el miedo de nuestra vida. En la dimensión de la Luz, la negatividad no tiene lugar. Al resistir nuestro impulso de reaccionar, podemos arrancar de raíz, limpiar y erradicar la ansiedad de nuestra experiencia.

la dicha de los obstáculos: un punto de vista alternativo de los desafíos de la vida

Desde una perspectiva kabbalística, la transformación espiritual implica involucrarse en la vida, confrontar nuestro caos y nuestras reacciones a él.

Para ayudarnos a recibir más Luz espiritual en nuestra vida, debemos adoptar un nuevo enfoque de nuestros desafíos, lo cual nos trae el Noveno Principio de la Kabbalah:

> **Noveno Principio:**
> **Los Obstáculos son Nuestra Oportunidad de Conectar con la Luz.**

Cuantos más desafíos enfrentamos, más probabilidades tenemos de conectarnos a la Luz. Cuanto mayor sea el número de detonadores que disparan nuestras reacciones, más podemos *resistirnos* y transformarlas. Después de todo, *transformar* es el propósito de nuestra vida (ver el Cuarto Principio), y sólo un obstáculo puede darnos esa oportunidad.

cuanto más grande, mejor

La Resistencia que aplicamos en una situación también determina *cuánta* Luz recibimos. Imagina una piedra pequeña en el espacio. Refleja una cantidad de luz de acuerdo a su tamaño. Imagina que colocamos un espejo de 5 metros cuadrados en el espacio. Entonces el reflejo aumenta; por lo tanto, se revela más Luz.

Este simple principio es la clave para determinar cuánta Luz espiritual generamos. Cuanta más Luz reflejamos, más recibimos. Cuanto más *resistimos* nuestro comportamiento reactivo, más felicidad y placer irradian de nuestras vidas.

Funciona de la siguiente manera:

- Cuánto mayor sea el problema, mayor es nuestro impulso de reaccionar.

- Cuanto mayor sea nuestro impulso de reaccionar, más Resistencia tenemos que aplicar para detenerlo.

- Cuanta más Resistencia aplicamos, más Luz espiritual traemos a nuestra vida y a la vida de la gente que nos rodea.

Así que recuerda el Décimo Principio de la Kabbalah la próxima vez que un desafío formidable se avecine por el horizonte.

> Décimo Principio:
> **Cuanto Mayor sea el Obstáculo,**
> **Mayor es el Potencial de Luz.**

el camino de mayor resistencia

La mayoría de las personas tienden a elegir el camino de menor resistencia. Buscan las situaciones fáciles y cómodas. Pero permanecer en nuestra zona de confort no genera Luz duradera. Debemos aprender a escapar de nuestra zona de confort y lanzarnos de cabeza a las situaciones incómodas. Ahí es donde podemos aplicar más Resistencia. Aquello que sea más difícil de resistir para nosotros, eso es precisamente lo que necesitamos restringir. Las cosas fáciles no son nuestra verdadera batalla. Sólo aplicamos la Resistencia cuando estamos haciendo algo difícil.

Es cierto, el camino de mayor Resistencia causa dolor a corto plazo e incomodidad, pero es la única forma de generar satisfacción a largo plazo. Por muy difícil que pueda parecer, deberíamos aceptar —en lugar de evitar— los problemas y los obstáculos. Éstos son verdaderas oportunidades, el camino más rápido hacia la transformación, el crecimiento y la felicidad suprema.

la oportunidad del millón de dólares

Supón que te encuentras en una dificultad económica extrema. Dios viene a ti y te dice que te dará un millón de dólares cada vez que alguien te lastime o te haga enfadar, con la condición de que *sueltes* completamente cualquier emoción reactiva. Dicho de forma sencilla, no puedes tomarte nada de forma personal.

¿Qué tendrías en la mente todo el día?

Estarías rezando para que Dios te enviara a gente que te lastimara. Te levantarías cada mañana buscando relaciones difíciles, personas ofensivas y circunstancias caóticas.

Esta es una historia que exagera con el fin de ilustrar esta lección.

El terrateniente y su encargado

Había una vez un respetado terrateniente que gestionaba una gran cantidad de propiedades en nombre del rey. Sus operaciones de negocios marchaban sobre ruedas y sus tratos eran honrosos. Gran parte de su éxito se lo debía a un joven al que había contratado para ayudarle.

A pesar de la confianza que el terrateniente tenía en el joven, cuando tenía que viajar por negocios le asignaba a su encargado la supervisión de la tierra, recordándole que cuidara bien del joven.

El encargado enseguida se percató de lo práctico,

sincero y sabio que era este joven. Esto era una amenaza para el avaricioso encargado, quien decidió poner fin a la influencia del joven sobre el terrateniente. El encargado ideó un plan en el que parecería que el joven había cometido un error grave en su trabajo. Al día siguiente, tras descubrir el "error" contable del joven, el encargado hizo que el joven fuera azotado.

El joven se fue a casa y, al llegar, su mujer corrió hacia él. "¿Qué te ocurrió?", le preguntó. "Hoy me azotaron por un error que no cometí yo", contestó él.

"No te preocupes", le respondió ella con complicidad. "En el momento en que regrese el terrateniente, serás compensado por la crueldad que has soportado. El terrateniente es un hombre amable y generoso que reconocerá la malicia del encargado". La respuesta de su esposa le proporcionó al joven un cierto consuelo.

Pero el joven sabía que la historia de la acción malvada del encargado sería difícil de creer para el terrateniente. Es más, las acusaciones del joven podrían resultar en más azotes, e incluso en la muerte, si el terrateniente elegía no creerle.

A pesar de su miedo, el joven recordó las palabras de su esposa y se enfrentó al terrateniente, contándole sobre las palizas del encargado. El terrateniente miró al joven a los ojos, y vio en ellos la sinceridad que conocía tan bien, junto con un sufrimiento y un miedo nuevos.

Sin dudarlo ni un momento, el terrateniente preguntó: "¿Cuántos azotes recibiste del encargado?"

"Quince", contestó el joven solemnemente.

El terrateniente miró al encargado y dijo: "Por el dolor que has infligido, dale al joven una moneda de oro". El encargado tomó una moneda de oro y se la entregó al joven.

"No", dijo el terrateniente, "dale una moneda de oro por cada azote que ha recibido de tu parte". El encargado contó quince monedas de oro y se las entregó de mala gana al joven. El joven le dio las gracias al terrateniente y corrió a casa para ver a su esposa.

La puerta se abrió y su esposa levantó la vista para encontrar a su marido sollozando mientras sujetaba algo en su mano. "¿Qué sucedió? ¿Por qué estás llorando?" le preguntó, temerosa de que sus ánimos le hubieran causado a su marido más sufrimiento.

"Tenías razón", le explicó él, "el terrateniente me compensó generosamente por mi sufrimiento. Obligó al encargado a darme una moneda de oro por cada azote de su látigo".

"¿Entonces por qué estás llorando?", le preguntó ella.

"Porque sólo recibí quince azotes".

El objetivo de esta parábola no es justificar la violencia física, más bien es una metáfora de las bendiciones que están a nuestra disposición cuando nos resistimos nuestro comportamiento reactivo y dejamos que nuestro ego reciba los golpes.

la resistencia en funcionamiento

He aquí algunas situaciones más que pueden ayudarnos a aumentar nuestra comprensión de la Resistencia y de las oportunidades (monedas de oro) que están a nuestra disposición para todos nosotros en el interior de las circunstancias difíciles que forman parte de nuestra vida.

Resistirse al ego

Estás con un grupo de amigos. Todos están hablando, mostrando lo expertos que son en un tema en particular, pero para ti resulta obvio que sabes mucho más que ellos sobre ese tema. Sientes la presión de hablar y hacer alarde de tus conocimientos. Resístete. Sólo se trata de tu ego. No hables. No digas ni una palabra. Reconoce la oportunidad espiritual. La Luz entrará y puede que aprendas algo valioso de esa conversación.

Resistirse al ego invertido

Después de una presentación de negocios, todo el mundo está haciendo preguntas excepto tú. Te sientes presionado. Tienes miedo de lo que la gente que está en esa sala pueda pensar de ti. Empiezas a sentir vergüenza. Tu reacción inmediata es hablar porque te sientes inseguro. Este es un pensamiento del ego *invertido*. Resístete. Déjalo ir. Preocuparte por lo que piensan los demás también es un comportamiento reactivo. Más tarde, probablemente tendrás a media docena de personas acercándose a ti e iniciando una conversación, y verás que tu inseguridad estaba totalmente infundada.

Resistirse a la pereza

Te viene un pensamiento. Te hace sentir entusiasmado y tu intención es tomar acción al respecto. Entonces aparece la procrastinación. Lo aplazas. *Resístete a esto*. La Resistencia no significa necesariamente bajar el ritmo o quedarse quieto. A menudo significa vencer y resistirse al deseo de detenerse. Tírate de cabeza. Arriésgate y acaba lo que has empezado.

Resistirse al juicio

Se genera una discusión entre miembros de tu familia o amigos cercanos. Escuchas una versión de la historia y te quedas consternado. Te sientes preparado para emitir un juicio y elegir un bando. *Resístete*. Suelta tus emociones. Escucha la otra versión. Resiste tu comportamiento de juez. Descubrirás que hay dos caras de la misma historia y, ciertamente, de todas las historias.

He aquí una ley universal extraordinaria y profunda: tus propias acciones reactivas, tus supuestos pecados y tu propio comportamiento negativo nunca pueden regresar a ti para juzgarte por sí mismos. Tus palabras y tus confesiones nunca pueden infligir un castigo sobre ti. La fuerza que llamamos "Dios" tampoco puede juzgarte. El cosmos nunca te penalizará. Este es un principio kabbalístico de la vida, sólido como una roca. Es increíble, ¿verdad?

Entonces, ¿cómo invitamos tanto juicio a nuestras vidas?

Buena pregunta.

El mundo está organizado de forma que todas las personas que están en nuestra vida, desde los amigos íntimos a los conocidos ocasionales, desde nuestros familiares más queridos a los desconocidos que se cruzan con nosotros por la calle; toda esa gente comparte pecados similares a los nuestros. Esto es lo que sucede: los rasgos reactivos negativos de los demás se nos muestran durante el transcurso de nuestra vida cotidiana. En el momento en que elegimos emitir un juicio (acertada o erróneamente) sobre otro individuo, apretamos el gatillo hacia nosotros mismos. Son estas palabras de juicio que decimos en contra de los demás las únicas que le permiten al Oponente infligir un castigo sobre nosotros basándose en nuestras reacciones previas. Sólo cuando emitimos un juicio sobre otra persona, el Oponente puede dictar un veredicto de culpabilidad sobre nosotros.

Por el contrario, si aplicamos la Resistencia y retenemos nuestro juicio, entonces el juicio nunca puede caer sobre nosotros. Imagina las posibilidades que esto nos ofrece. Qué mundo tan lleno de bondad, misericordia y perdón podríamos habitar si tan sólo dejáramos de juzgar a los demás.

Decide resistirte a todos tus juicios (aunque estén justificados), para que así puedas protegerte de tus propias acciones reactivas.

Resistirse a la concentración en sí mismo

Estás confundido en relación con algunas decisiones importantes, y preocupado por el impacto que éstas tendrán en tu vida. Deliberas, analizas, te preocupas, te inquietas, te alteras y te estresas. *Resiste el impulso de agonizar.* Ve y haz algo bueno por otra persona. Invierte algo de tiempo en ayudar a los demás con sus problemas. Cuando te apartas de tu propio camino, las soluciones vienen a ti cuando menos las esperas.

Resistirse a la autoalabanza

Hiciste algo realmente maravilloso y todo el mundo te admira por ello. Ahora estás tentado de revivir la gloria, reproduciéndolo una y otra vez en tu mente. *Resístete a estos recuerdos egocéntricos.* Piensa en grande. ¿Qué más puedes hacer? ¿Qué es lo siguiente? Muévete hacia tu próxima acción positiva.

Resistirse a los impulsos malvados

Las cosas no van bien. Te sientes un poco deprimido e inseguro de ti mismo. Entonces te llama un amigo. Después de charlar de cosas triviales, el amigo empieza a criticar a otro amigo cercano y mutuo. Tú te ves obligado a entrar en la conversación. Rebajar a otra persona te hace sentir mejor contigo mismo. Escuchar sobre los problemas de otra persona te hace sentir mejor respecto a los tuyos. *Resístete al deseo de chismorrear y hablar mal de otros.* Recuerda, el pecado del asesinato no se limita a infligir la muerte física; también incluye el asesinato del carácter, por lo que terminar la conversación o cambiar el tema es equivalente a salvar la vida de alguien. Esto revelará una Luz tremenda.

Resistirse al control

Eres un escritor nuevo que ha finalizado lo que tú crees que es un manuscrito fantástico. Se lo muestras a un amigo que casualmente es editor. Estás esperando que alabe tu trabajo, pero tu amigo lo critica. Tú te tomas personalmente su dura crítica y empiezas a perder tu confianza. Resístete. Tu reacción significa que crees que tú eres la fuente verdadera de este material, no la Luz. Los artistas verdaderos saben que sólo son un canal. Más aún, *incluso la crítica* viene de la Luz. Así que suelta el control. Confía en el proceso y deja ir tu apego personal al trabajo.

Resistirse a la culpa

Hiciste algo malo —realmente malo— así que te autocastigas muy duramente. Te cargas de culpa y vergüenza. *Resístete al impulso autodestructivo*. Suéltalo. Acepta la verdad kabbalística que dice que hay dos caras dentro de cada uno de nosotros. Proactiva y reactiva. Luz y oscuridad. El alma y el Oponente. El aspecto divino de nosotros que nos ayudará a transformarnos y la parte que necesita corrección y transformación. No ignores tu mala acción, pero considérala una oportunidad. Caernos espiritualmente y levantarnos de nuevo es la forma de crear transformación espiritual.

Resistirse a las expectativas

Estás lleno de expectativas con respecto a tu trabajo, pero éstas no se materializan. Esperas ciertas respuestas de tus amigos, pero ellos te decepcionan. Tienes unas ideas claras sobre la forma en que ciertas personas deben tratarte después de todo lo que has hecho por ellas, pero éstas acaban siendo unas ingratas. Tienes muchas expectativas acerca de unas vacaciones muy esperadas, pero acaba lloviendo cada día y alguien te roba las tarjetas de crédito. *Resístete a todos tus sentimientos de decepción*. Deja de ser la víctima. Algo mejor está por venir. Acoge el principio kabbalístico de pedirle a la Luz lo que necesitas en la vida, *no lo que quieres*. Al final, acabarás viendo la razón espiritual de la decepción.

Resistirse a la falta de confianza

Tienes que hablar en público o asumir la responsabilidad de un proyecto importante. Tu reacción natural puede ser: "No puedo hacerlo. No soy suficientemente bueno. No quiero tener toda la atención centrada en mí". Esto es ego invertido. *Resístete a él*. Suelta tu pensamiento limitado. No se trata de *ti*. Hay una visión más amplia que incluye a otras personas, no sólo a ti. Enfócate en encontrar una forma de ayudarles a conseguir lo que necesitan y te encontrarás a ti mismo triunfando sin esfuerzo.

Resistirse al egoísmo

Llegas a casa después de un día agitado en el trabajo. Un asunto importante de negocios está consumiendo tu mente. Tus hijos reclaman tu atención, pero tú estás demasiado preocupado. Ya jugarás con ellos en otro momento; después de todo, te dices a ti mismo, todo esto lo haces por tu familia. ¡Mentira! *Resístete a estas reacciones egocéntricas*. Admite que todo esto tiene que ver contigo. La emoción de cerrar un trato de negocios. Las ganancias y el poder. Estos son deseos egoístas muy comunes. En su lugar, dedícales tu tiempo a tus hijos cuando te resulte más difícil e incómodo.

También es importante que no seas duro contigo y pienses que eres un mal padre o una mala madre cuando te cueste concentrarte mientras juegas con ellos. *Resístete a esto también*. El hecho de que seas consciente de lo que está ocurriendo y estés haciendo el esfuerzo traerá Luz a la situación. Reconoce que el Oponente está jugando con tu mente. Él está detrás de todo esto, detrás de todos tus sueños de poder y riqueza. Cuando el Oponente está manejando tus hilos, no importa lo alto que llegues, él te hará sentir que nunca es suficiente. En tu búsqueda incesante y trivial de este "éxito", tu familia se quedará por el camino. La Resistencia es la mejor forma de evitar que esto suceda.

La Resistencia es plenitud. La Luz que viene de la familia, con frecuencia, es difícil de revelar y experimentar. El Oponente puede hacer que la emoción de los negocios, a nivel superficial, se sienta mejor que la comodidad del hogar; hasta que ya es demasiado tarde y tus hijos ya son mayores. Sin embargo, cuando apliques el principio de la Resistencia, encontrarás una sensación de satisfacción y dicha que nunca conociste antes.

Resistirse a la inseguridad

Tú y tu socio han trabajado larga y duramente en un proyecto. Éste acaba siendo un éxito arrollador. Ahora tienes miedo de compartir demasiado el reconocimiento. A causa de tu propia inseguridad, intentas calcular quién hizo qué. ¿Qué pasará si todo el mundo piensa que tu socio fue el que más contribuyó al proyecto? *Resístete a esos pensamientos y esas emociones reactivas.* Entrega todo el reconocimiento. Así es. Entrégalo. Todo. Suéltalo por completo. Cuando empieces a hacerlo, puede que pienses que sólo deberías resistirte un poquito, pero no demasiado, porque tienes que practicar todo esto paso a paso. *Resístete también a estos pensamientos.* Dale *todo* el reconocimiento a tu socio. Recuerda, el Oponente te pondrá a prueba a cada paso del camino. También recuerda que los elogios dan placer durante unos instantes, pero la Luz es eterna. No lo cambies todo por un poco de gratificación para el ego.

Resistirse a la vergüenza

Cometes un gran error. Si alguien se da cuenta, te pondrás rojísimo y te morirás de la vergüenza. Reaccionas e intentas encubrirlo. *Resístete*. Ama la humillación. Acéptala por completo. Baja tus defensas. Baja tu guardia. Camina lentamente a lo largo de este percance y absorbe tanta vergüenza como puedas. Hazte vulnerable. Reconoce que esta es una oportunidad para destruir a tu ego. Al final, tu ego estará subyugado y verás que nadie se dio cuenta de tu error. Así es como funciona la Luz.

Resistirse a la necesidad de ser admirado

Has salido con unos amigos y estás conociendo a gente nueva. Tus amigos te presentan como el inteligente del grupo. Ahora sientes la presión de responder a una pregunta difícil, pero no estás totalmente seguro de cuál es la respuesta. Tu reacción inicial es fingir y disimularlo lo mejor que puedas. *Resístete*. Limítate a decir: "No lo sé". Déjalo ahí. Luego, resístete a esos pensamientos reactivos que dicen que quizá les dejes de gustar a tus amigos, o dejen de admirarte o de tomarte como un referente.

Resistirte a las dudas

Aplicas la sabiduría de la Kabbalah en tu vida. Utilizas el principio de la Resistencia en una situación de la vida real. No hay resultados. Las dudas inundan tu mente. No funciona, te dices a ti mismo. *Resístete a estos pensamientos reactivos*. El Oponente sólo está retrasando la llegada de la Luz. Siempre que busques resultados, estropearás el ejercicio. Esa es la gran paradoja. Busca resultados y éstos no llegarán. Ríndete y lo conseguirás todo.

Conocerás el poder y la magia de la Resistencia cuando la experimentes en la vida real.

¿Pero sabes una cosa?

Una vez que cambies de reactivo a proactivo, te habrás transformado espiritualmente en esa situación en particular. Habrás derrotado al Oponente y eliminado el Pan de la Vergüenza. Te habrás ganado la Luz y estarás preparado para recibir la Luz duradera de la plenitud en esa área de tu vida. Habrás logrado el propósito de tu existencia en esa circunstancia específica.

Pero no te pongas demasiado cómodo. Todavía hay mucha dicha por descubrir y milagros por crear. El próximo paso es examinar el resto de razones por las cuales viniste a esta vida.

la corrección, la esclavitud y el poder milagroso de la certeza

la ley del *tikún*

Cada uno de nosotros viene a este mundo para corregir algo. Puede ser el equipaje que hemos traído con nosotros de vidas anteriores, o situaciones en las que hemos generado un cortocircuito en algún punto de nuestra vida actual. Cada vez que no logramos resistirnos a nuestro comportamiento reactivo, tenemos que corregir nuestra falla. Este concepto se llama *tikún* que, literalmente, significa "corrección". Tikún significa que podemos reparar y corregir cualquier aspecto de nosotros mismos o de nuestro comportamiento que sea reactivo, egoísta o que esté bloqueado. Podemos tener una corrección o un *tikún* con el dinero, las personas, la salud, las amistades o las relaciones. Hay una forma fácil de identificar nuestro *tikún* personal: aquello que es dolorosamente incómodo para nosotros forma parte de nuestro *tikún*.

Todas las personas que están en nuestra vida y que nos irritan son parte de nuestro *tikún*. Si nos cuesta decir que no porque nos gusta complacer a los demás, este es nuestro *tikún* y necesita ser corregido. Si nos da vergüenza dar un paso adelante cuando debemos ser asertivos, esta es también un área que debemos corregir. Si nos resulta difícil hacer frente a un empleado o un jefe, podemos encontrar la causa raíz en el concepto del *tikún*.

Cuando no logramos hacer una corrección, nuestro *tikún* se vuelve más difícil de alcanzar. No sólo tenemos que enfrentarnos al problema de nuevo, sino que nos resultará mucho más difícil activar la Resistencia. Este rasgo reactivo en particular se hace más grande y el Oponente también se vuelve más fuerte. Y estas mismas correcciones pueden aparecer una y otra vez en nuestra vida presente, así como en futuras encarnaciones, hasta que se resuelvan.

A veces resulta demasiado fácil culpar al comportamiento de una vida pasada de nuestros problemas en esta vida. Con frecuencia, hacemos suficientes acciones reactivas y negativas aquí en esta vida para garantizar el caos que nos aflige.

Puede que no veamos nuestro *tikún* ahora mismo, pero al menos somos conscientes de que tenemos algunas correcciones que hacer, a menos que seamos santos. Este es el primer paso. Luego, tenemos que identificar nuestros problemas esenciales.

cuando nos provocan

A menudo logramos ocultar muy bien nuestro *tikún*, incluso de nosotros mismos. Estamos demasiado ocupados intentando mostrar al mundo lo perfectos que somos. Por lo tanto, el primer paso en el trabajo con nuestro *tikún* es empezar a reconocer el equipaje que estamos cargando. Para hacerlo, debemos darnos cuenta de que el universo es un gran espejo. Observamos a nuestro mundo, nuestros amigos, nuestra familia y preguntamos: "¿Qué vemos en los demás que nos provoca?" La respuesta: los rasgos que nos molestan en los demás son los mismos rasgos que no nos gustan de nosotros mismos. El universo entero nos ayuda a reflejarnos nuestro *tikún*.

¿Qué cosas que nos irritan de las acciones y los comportamientos de los demás? ¿Nos molesta que nuestros amigos lleguen tarde? Parece que no son capaces de ver que eso es una falta de respeto, y nos parece increíble que no se den cuenta. ¿Nos ofende que algunas personas sean groseras, secas o bruscas? ¿O cuando las personas tardan mucho en decirnos algo? ¿Por qué están malgastando nuestro tiempo?

Cada vez que alguien nos provoca, es una llamada para que prestemos atención a un aspecto de nuestra reactividad personal o *tikún* que necesita un ajuste. Sea lo que sea que nos provoque es algo que necesitamos cambiar en nosotros mismos. El universo está trabajando en colaboración con nosotros para que podamos transformarnos y trasladarnos al siguiente nivel de nuestro desarrollo espiritual. Sin este proceso, estaríamos viviendo en una fantasía de negación en la que todo está perfectamente organizado y fluyendo hermosamente. Pero si este fuera el caso, ¿entonces para qué vinimos a este mundo físico en primer lugar? Ahora ya sabes cuál es la respuesta: tiene que haber algo que hemos venido a corregir, o no estaríamos aquí.

la búsqueda de nuestro *tikún*

Que nos provoquen es una forma de descubrir esos rasgos que necesitamos corregir. Otra forma de vislumbrar nuestro *tikún* es buscando patrones repetitivos que nos limitan o nos bloquean. Es como la película "El día de la marmota" (*Groundhog day*), en la cual suceden las mismas cosas día tras día. El personaje que interpreta Bill Murray se tropieza una y otra vez con la misma acera y cae en el mismo charco, hasta que se produce en él un cambio de conciencia que le lleva a cambiar sus acciones. Entonces, y sólo entonces, su vida sigue avanzando.

Todos tenemos hábitos y patrones, y necesitamos reconocerlos como tales o nunca cambiaremos. Tenemos que buscar los patrones de nuestra vida que no nos traen alegría. ¿Tiendes a tener el mismo tipo de relaciones sin futuro? ¿Tienes el patrón de alejar a las personas de tu vida? ¿Elijes siempre parejas que son emocionalmente inaccesibles?

Una cosa siempre será cierta en relación a las personas cuyo *tikún* es verse como víctimas. Se sabotearán a sí mismas una y otra vez. Si empiezan a tener éxito en alguna área de su vida, lo echarán a perder en algún momento para evitar la posibilidad de una futura decepción. Sabotearán una relación engañando a su pareja o convenciendo a la otra persona de que no la merece. Sabotearán una oportunidad de trabajo incumpliendo el acuerdo, no asistiendo a su trabajo o siendo excéntrico. La manifestación del autosabotaje cambia, pero el patrón subyacente sigue siendo el mismo.

Es asombroso ver cómo pensamos que todos somos personas bastante listas, despiertas y hábiles. No obstante, con frecuencia, empezamos a ver realmente nuestros propios patrones de comportamiento sólo después de atravesar una crisis. Ciertamente, pocas personas eligen un camino espiritual o se involucran en un autoanálisis serio cuando todo va bien.

Cuando se trata del *tikún*, es como si estuviéramos pelando una cebolla. Hay muchas capas que pelar antes de llegar al centro, y esto lleva tiempo y esfuerzo. Pero si estamos juzgando constantemente a los demás en lugar de ver nuestras cualidades negativas propias, seguiremos alimentando nuestro ego y viviendo en la negación. Mientras sigamos viviendo estos patrones negativos, será difícil que descubramos nuestros problemas esenciales sin tener que trabajar duro para conseguir verlos.

Es importante saber que puede llegar un momento en el que el mismo detonante que puede habernos molestado durante años deje de generar la misma respuesta. La gente siempre chismeará o será negativa. Siempre existirá la queja. Pero una vez que desarrollamos la resiliencia y la certeza suficientes en quiénes somos y lo que estamos haciendo, cuando aparezcan estas personas, su comportamiento dejará de afectarnos de la misma manera. Ellas no habrán cambiado, pero nuestra respuesta a ellos sí lo habrá hecho. Esto es un indicativo de que, de alguna forma, hemos trabajado y corregido ese aspecto en particular de nuestro *tikún*.

Estos problemas y desafíos esenciales volverán a surgir una y otra vez hasta que los hayamos corregido. Un estudiante me preguntó una vez: "¿Merece la pena todo este esfuerzo por cambiarme a mí mismo? Hago todo este trabajo y luego, dentro de cincuenta años en mi lecho de muerte, obtengo la satisfacción que me he ganado". Él estaba pasando por alto un punto importante. *El proceso es la satisfacción*. No se trata de esperar cincuenta años para obtener nuestra recompensa. A medida que eliminamos capas, estamos revelando más y más Luz. El alivio y la satisfacción aparecen a medida que arrancamos esas capas.

Podemos estar buscando nuestros problemas esenciales pero, incluso antes de encontrarlos, cosechamos la satisfacción que viene con el proceso en sí mismo. Como ya hemos visto, si estamos en un camino de reactividad y ego, estamos encaminados hacia la oscuridad. Pero si empezamos a transitar el camino hacia la Luz, Ésta saldrá a nuestro encuentro antes de que lleguemos a nuestro destino. Muévete hacia la Luz, y la Luz se moverá hacia ti.

No vamos a encontrar nuestros problemas esenciales de inmediato, esa es la naturaleza del *tikún*. Pero la búsqueda en sí misma está llena de recompensas. Y detrás del *tikún*, detrás del ego y del caos, la Luz está esperando ser revelada.

Ejercicio: Descubre tu *Tikún*

Hacerte las siguientes preguntas puede ayudarte a descubrir tu propio *tikún*.

1. *¿Dónde se muestra mi tikún?*
   ¿Cuáles son mis rasgos negativos? ¿Dónde necesito hacer mi corrección? ¿Soy perezoso? ¿Postergo las cosas? ¿Qué hace que me enfade? ¿Tengo mal genio? ¿Tengo problemas para comunicarme? ¿Soy impaciente cuando me estreso? ¿Actúo como juez o crítico?

2. *¿Qué me molesta de los demás?*
   ¿Qué es lo que me altera? ¿Ocurre cuando las personas me decepcionan o me defraudan? ¿Sucede cuando una persona es grosera, seca e desconsiderada? ¿Cuándo no soy apreciado? ¿Acaso es cuando mis amigos o familiares gritan o discuten?

Aprende a identificar lo que dispara tus reacciones. Estas son las cualidades que no te gustan de los demás y que necesitas corregir en ti mismo.

3. *¿Cómo estoy estancado en mi Realidad del 1 por ciento, mis cinco sentidos, mi intelecto y mi ego?*
¿Cómo puedo identificar de qué formas estoy estancado? ¿Hay patrones en mi vida o tengo ciertos hábitos que evitan que experimente alegría y plenitud? Sé atento de tus intentos por descubrir estos patrones y hábitos. Pregunta a tus amigos. Guarda un registro de lo que vas encontrando escribiéndolo en tu diario.

Una de las cosas que podemos hacer si no estamos seguros de lo que vinimos a corregir es preguntar. Pregunta a un amigo o a un socio, a alguien en quien confíes: "¿Ves algún patrón con el que tiendo a tropezarme repetidamente en mi camino?".

Sin embargo, en este trabajo tenemos que estar dispuestos a buscar aquello que no podemos ver fácilmente: los aspectos ocultos de nuestro ego a nivel de la semilla, los cuales vinimos a corregir en este mundo y en esta vida.

Habiendo descubierto la importancia de revelar el trabajo que vinimos a hacer aquí, ha llegado el momento de exponer otra de las armas en el arsenal del Oponente.

el pacto con fausto

Siempre que las cosas empiezan a ir realmente bien, resulta muy fácil caer en la trampa de creer que los buenos tiempos nunca se acaban. Nos volvemos arrogantes. Creemos que somos infalibles.

La Luz viene de dos fuentes: el Creador y el Oponente. Recuerda, la Luz del Creador es una llama eterna, mientras que la Luz del Oponente es el destello brillante de una dinamita. Cuando buscamos el éxito con el comportamiento reactivo, nuestro éxito viene del Oponente. Cuanto más reactivos somos, más éxito generamos; aunque a un precio muy alto. Nunca antes en la historia han sido tan evidentes los efectos de nuestro deseo inmediato y egoísta del "éxito a cualquier precio". Maddof se ha convertido en un verbo. El derrame de petróleo de la BP en el Golfo se considera ahora el peor desastre medioambiental de la historia creado por el hombre. Nuestro ego nos permite pensar que estamos surfeando en la ola del éxito, nos convence de que somos infalibles; sólo hasta que la ola desciende.

Desde una perspectiva kabbalística, el mito fáustico de vender el alma al Diablo está muy cerca de la verdad. El principio Fáustico está en funcionamiento casi a diario. Sé reactivo y el Oponente te dará destellos de Luz. Cuando se te quita la Luz, el Oponente sigue conservando la Luz del Creador. ¿Y tú? Tú consigues conservar el caos que sigue a la explosión de la dinamita.

El Oponente aparecerá para pagarnos bien durante un tiempo, sólo para mantenernos en un estado mental reactivo. En otras palabras, nos da una dinamita con una mecha muy larga (el tiempo), para que la ilusión del éxito y la Luz dure más tiempo.

Cuando estamos volando alto, creemos que somos los artífices brillantes de nuestro propio éxito. Nuestro ego se infla hasta el tamaño del globo de Goodyear y está igual de lleno de aire caliente. Y luego, cuando menos lo esperamos, se desinfla.

la esclavitud

Gracias a Cecil B. DeMille muchas personas están familiarizadas con el relato bíblico del Éxodo, también conocido como la historia de Los Diez Mandamientos. Pero la mayoría de nosotros no estamos familiarizados con el significado espiritual oculto de esta historia y su relevancia en nuestra propia vida.

La historia del Éxodo nos cuenta que los Israelitas vivieron como esclavos durante 400 años en Egipto. Fueron esclavos e hijos de esclavos, y fueron mantenidos en cautiverio por una serie de faraones despiadados que gobernaron Egipto. Entonces llegó un gran líder llamado Moisés quien, en una misión de Dios, ganó la libertad de su pueblo. Moisés guió a los antiguos esclavos durante un largo y arduo viaje que incluyó el famoso desvío a través del Mar Rojo y llevó a los Israelitas hasta el Monte Sinaí, donde tenían una cita con el destino.

Pero ahora viene la parte interesante: después de ser salvados de Egipto, los Israelitas estaban saboreando la libertad por primera vez en siglos. Sin embargo, aun así se quejaban, lloriqueaban y refunfuñaban en el momento en que las cosas se ponían un poco peliagudas en el desierto. De hecho, suplicaron a Moisés que les llevara de regreso a Egipto, de regreso a la esclavitud.

El *Zóhar* explica que toda esta historia está escrita en código. "Egipto" es una palabra codificada para nuestra existencia en este mundo físico. "Faraón" es una palabra codificada para el ego humano y la naturaleza de la humanidad incesantemente reactiva, egocéntrica e intolerante. Por lo tanto, cualquier aspecto de nuestra naturaleza que nos controla se denomina "Faraón", entre los cuales se incluyen:

- Miedo

- Ira

- Competitividad

- Inseguridad

- Baja autoestima

- Egoísmo

- Envidia

- Ansiedad

- Impaciencia

- Intolerancia

Todas estas emociones nacen del ego, nos controlan y nos encarcelan. Son la bola y la cadena que nos impiden seguir avanzando. Son las esposas que nos constriñen, las barras de hierro que nos atrapan y los látigos que nos torturan. Esta es la relación amo-esclavo más antigua de la Creación, y adopta muchas formas distintas:

Estamos aprisionados por los aspectos de nuestra existencia material basados en el ego: automóviles, ropa, casas de lujo, prestigio, poder y posición social.

Somos esclavos de nuestros caprichos reactivos y nuestros deseos egocéntricos.

Somos cautivos de nuestro miedo y nuestras dudas.

Somos prisioneros de las percepciones que los demás tienen de nosotros.

Estamos encarcelados por nuestra necesidad desesperada de la aceptación de otras personas.

Somos rehenes de la necesidad constante de superar a nuestros amigos y colegas.

Algunos de nosotros estamos atrapados en nuestros trabajos y carreras profesionales.

Otros están atados y amordazados en sus matrimonios o relaciones.

Todos nosotros somos esclavos del mundo físico que nos rodea.

Pero con la conciencia de que todavía estamos presos en Egipto —todavía somos esclavos de nuestro ego— podemos obtener la llave que abre las cadenas y nos otorga la libertad más grande que un ser humano puede llegar a conocer:

El poder de la Certeza

el principio de la certeza

Mientras huían de los egipcios, los Israelitas estaban atrapados a orillas del Mar Rojo. El Faraón y su ejército avanzaban rápidamente hacia ellos, decididos a aniquilarlos totalmente. Entonces, el Mar Rojo se partió, produciendo dos paredes de agua que llegaban hasta el cielo y que en su base había terreno, un camino para que los Israelitas cruzaran hacia la libertad. Según el Zóhar, todas las aguas de la Tierra se dividieron y se elevaron hasta los cielos.

Como el Faraón y su ejército estaban alcanzando a los Israelitas, Moisés le suplicó a Dios que les ayudara. El Zóhar explica que Dios contestó con una misteriosa pregunta: "¿Por qué me llaman a Mí?". Oculta en el interior de esta pregunta hay una profunda verdad espiritual: no fue Dios quien partió el Mar Rojo en nombre de los Israelitas.

Pero, si el Creador todopoderoso no partió las aguas, ¿quién lo hizo?

Encontramos la respuesta a esta pregunta siempre que nos enfrentamos a una gran dificultad en nuestra vida. Por ejemplo, milenios después del incidente del Mar Rojo, hubo una crisis en un pequeño negocio estadounidense que pertenecía a un estudiante del Centro de Kabbalah. No se trataba de la situación de vida o muerte a la que se enfrentaron los Israelitas en el Mar Rojo, aunque para este estudiante era bastante similar. Los nombres se han modificado, pero esta historia es cierta.

Michael tenía un pequeño negocio de venta directa con oficinas en varias ciudades de Norteamérica. Después de uno de los mejores trimestres de ventas en la historia de su compañía, Michael se fue a Miami con su esposa y sus hijos para pasar allí diez días de vacaciones.

El primer día que Michael regresó de las vacaciones, su contador entró en su oficina. Con una incomodidad obvia, el contador le explicó que uno de los jefes de venta de la compañía que había cobrado unas ventas sustanciosas durante las tres últimas semanas de diciembre, no había llegado a ingresar el dinero en la cuenta bancaria de la compañía. Y lo que es peor, se trataba del mejor jefe de ventas de la oficina que daba mejores resultados de toda la compañía.

"¿Cuánto dinero nos falta?", preguntó Michael.

Su contador tragó saliva y le dijo: "ciento cinco mil dólares".

Michael se sirvió un vaso de agua y tomó un pequeño sorbo. Tal como Michael lo recuerda ahora: "En aquel momento, tenía que tomar una decisión importante, y tenía que hacerlo rápido. Podía practicar lo que había aprendido en mis clases de Kabbalah, o podía tirarlo todo por la ventana debido a la gran cantidad de dinero que estaba en juego. Todo dependía de mí".

Ha pasado mucho tiempo desde la división del Mar Rojo, pero fue el conocimiento de la Kabbalah lo que permitió, tanto a los antiguos Israelitas como al hombre de negocios moderno, descubrir la sorprendente solución a sus problemas.

Michael tenía que tomar una decisión en aquel momento. ¿Debía reaccionar con miedo, pánico e ira? ¿O debía poner en práctica lo que había aprendido en sus estudios de Kabbalah —incluyendo la lección oculta en la división del Mar Rojo— y elegir la alternativa proactiva?

Esto es lo que Michael había aprendido de la historia de los Israelitas cuando se encontraron al borde de la destrucción. Los Israelitas en efecto escaparon. Y sí, el Mar Rojo se partió. *Pero no fue Dios quien lo hizo.* Cuando Dios le preguntó a Moisés por qué le llamaba a Él, Dios estaba dando a entender que Moisés y los Israelitas tenían el poder de dividir el Mar Rojo por su cuenta. Dios estaba revelando una de las leyes espirituales de la vida: *vence a tu propia naturaleza reactiva y los cielos te ayudarán a vencer a las leyes de la Madre Naturaleza, pues ambas están íntimamente relacionadas.*

Hacer esto requiere una *Certeza total*, y este es el significado oculto en la historia del Mar Rojo. Los Israelitas se vieron forzados a meterse en las aguas y proceder con total Certeza antes de que una sola gota de agua empezara a hacerse a un lado. Se les requirió que hicieran resistencia a la incertidumbre que estaba arraigada en su naturaleza.

De hecho, el *Zóhar* nos dice que el Mar Rojo no se dividió hasta que las aguas habían alcanzado las narices de los Israelitas. Sólo entonces, con el agua a punto de entrar por sus orificios nasales, los Israelitas soltaron el control y demostraron tener Certeza en un resultado positivo. Pusieron sus vidas en manos de la Luz. Una fracción de segundo más tarde, estaban respirando con facilidad mientras las aguas se dividían y se elevaban hacia los cielos.

Michael también estaba a punto de ahogarse. Miró a su contador y dijo: "El jefe de ventas no ha robado el dinero. Este dinero no ha desaparecido".

Luego añadió: "Nunca puedes perder algo que es realmente tuyo, ni ganar algo que no lo es. El dinero aparecerá. Y si no lo hace, es porque nunca fue mío desde el principio".

Michael estaba inyectando proactividad en la situación. No iba a reaccionar a *ninguno* de los posibles resultados. Esa era la clave. Tenía la certeza de que, fuera cual fuera el resultado, sería el mejor para su comprensión y su crecimiento espiritual.

Su contador también tenía certeza: estaba seguro de que Michael se había vuelto completamente loco.

"¿Así que se supone que debo quedarme aquí y no hacer nada?", exclamó el contador. "¿No deberíamos iniciar una investigación? ¡Estamos tratando de dirigir una empresa!".

El contador estaba totalmente aferrado a su creencia de que el dinero había sido robado. A Michael le tomó una hora convencerle de que estuviera abierto a otra posibilidad.

"Primero", dijo Michael, "Quiero que aceptes la posibilidad de que el dinero no haya desaparecido. Segundo, si ha desaparecido, de alguna forma nunca fue nuestro. Lo habríamos perdido en otra inversión, o nuestros beneficios del año siguiente habrían disminuido en la misma cantidad. En otras palabras, pase lo que pase, será lo correcto. Debemos tener la certeza de que el resultado será lo mejor para la compañía desde un punto de vista espiritual. Cuando lo hayas logrado, entonces realiza las gestiones que harías normalmente".

Aunque el contador no entendía totalmente lo que Michael estaba diciendo, volvió a la mañana siguiente con la noticia de que habían aparecido 88.000 dólares en un banco de Winnipeg, Canadá.

"Hemos encontrado los cheques", explicó el contador. "Pero el dinero en efectivo todavía no ha aparecido".

Con calma, Michael respondió: "El dinero en efectivo también aparecerá. Nadie puede tomar lo que por derecho nos pertenece. Y si no aparece, no era nuestro desde el principio".

Michael estaba de nuevo haciendo un intento proactivo de no ser un esclavo, de no estar bajo el control de ningún resultado, positivo o negativo. Al final resultó que el jefe de ventas había intentado robar el dinero. Pero al llegar a Florida dos días más tarde cambió de opinión. Entonces llamó a Michael por teléfono y le confesó todo.

"No dudo ni por un momento que el principio kabbalístico de la Certeza jugó un papel esencial en lo ocurrido", dijo Michael más tarde. "Antes de estudiar Kabbalah, habría enviado a un par de hombres con bates de béisbol para que buscaran al ladrón. Probablemente nunca lo habrían encontrado, y a mí me seguirían faltando los cien mil dólares. Mi presión sanguínea se habría disparado y estaría viviendo una vida llena de sentimientos de venganza, victimismo y negatividad. Afortunadamente, estoy libre de todo esto".

Según muchas enseñanzas espirituales, incluida la Kabbalah, la conciencia crea nuestra realidad. Lo que deseamos es lo que recibimos. Si sentimos incertidumbre, recibimos la energía de la incerteza. Si respondemos a las crisis con preocupación y pensamiento negativo, aumentamos las probabilidades de obtener un resultado doloroso. Pero también podemos poner fin a nuestras dudas y reemplazarlas por Certeza, *si así lo deseamos*. Podemos desbaratar la agenda del Oponente y reemplazarla por milagros.

la creación de milagros

En una carta que le escribió a mi padre, su maestro, el Rav Brandwein, explicaba este principio.

Está escrito en el *Zóhar* (*Beshalaj*, 180):

> *La oración que la gente reza y clama al Creador, especialmente en tiempos difíciles, Dios no lo quiera, forma parte de las leyes espirituales de la naturaleza para acelerar la salvación y ayudar en tiempos de angustia. Pero, para que se produzca un milagro que esté por encima de las leyes de la naturaleza, se requiere el autosacrificio. Esto es lo que quiso decir el Creador cuando le dijo a Moisés "¿Por qué me llaman a Mí?".*

> *Puesto que un milagro [la División del Mar Rojo] más allá de la naturaleza física debe revelarse a los hijos de Israel. De ahí [la orden de Dios a Moisés]: "Háblales a los hijos de Israel, diles que deben seguir avanzando", que muestren el autosacrificio Abajo. Y luego el Nivel Superior, que reorganiza todos los sistemas [naturales] y convierte los mares en tierra seca, despertará y "Transformará el desierto en estanque de aguas, y la tierra seca en manantiales" (Salmos 107:35) y acelerará la salvación para Su pueblo, no de acuerdo a las leyes [lit. métodos] de la naturaleza.*

Si quieres ver cómo ocurren auténticos milagros, intenta desactivar los pensamientos de incertidumbre cuando te enfrentes a obstáculos aparentemente infranqueables. Empieza a enfocarte en eliminar el Pan de la Vergüenza y a desenfocarte en los resultados. Recuerda que *en el Mundo Sin Fin ya tenemos los resultados.* Michael ya sentía la dicha en el Mundo Sin Fin por tener los cien mil dólares en su bolsillo. Sin embargo, lo que Michael *no* tenía en el Mundo Sin Fin era la capacidad de ser proactivo y dar rienda suelta a su gen de Dios; él obtuvo esa oportunidad en este mundo, cuando el dinero desapareció y él no reaccionó.

Una vez que Michael aprovechó esta oportunidad de eliminar el Pan de la Vergüenza y transformarse de reactivo a proactivo, logró el objetivo original de la Vasija: convertirse en la causa de su propia plenitud, en lugar de ser un efecto, y crear algo nuevo: una conciencia proactiva en lugar de una reactiva.

Una vez que Michael logró esta hazaña, la Luz pudo fluir libremente. El dinero era libre de regresar porque Michael había realizado el propósito de la Creación. Si Michael hubiera reaccionado, habría perdido esta oportunidad y el dinero pudo haber desaparecido para siempre. También se habría visto forzado a enfrentarse a una oportunidad/desafío similar en algún momento del futuro porque todavía habría un *tikún*, una transformación esperando ser realizada en su vida.

Para ayudar a mantener un estado mental proactivo en situaciones difíciles, tenemos el Undécimo Principio de la Kabbalah:

> **Undécimo Principio:**
> **Cuando los Desafíos Parezcan Insoportables,**
> **Inyecta Certeza.**
> **la Luz Siempre Está Ahí.**

Inyectar Certeza en una situación no significa que siempre obtengamos el resultado que deseamos. La Certeza simplemente significa saber que la mano invisible de la Luz está en el juego con nosotros. Puede haber momentos en los que vayamos atrás en el marcador pero, finalmente, no podemos perder.

Recuerda que la adversidad en cualquier situación es un elemento verdaderamente positivo. Igual que el antídoto para la mordedura de una serpiente está contenido en su veneno, la Luz está contenida dentro de los obstáculos de la vida.

No obstante, también debemos recordar que la Certeza no significa que conseguimos lo que *queremos*, sino más bien que conseguimos lo que *necesitamos* en nuestra vida para avanzar en nuestra transformación y finalmente ganar este juego de la vida. Es tener certeza en *cualquier* resultado que se desarrolla ante nosotros. Es tener la certeza de que nuestra respuesta proactiva es lo que importa realmente, y nada más; no los resultados, no el desenlace. Es aceptar la responsabilidad de todo lo negativo que nos golpea en la vida. Es reconocer que nos ocurren cosas malas porque en algún momento del pasado plantamos una semilla negativa. No es un tema de culpa, simplemente es así como funciona. Cuando vencemos nuestra incertidumbre, creamos bendiciones y milagros, tanto en nuestra vida como en el mundo.

ganar el juego de la vida

el arte de ser como Dios

Hasta aquí hemos aprendido que en el Mundo Sin Fin existían (y existen) todas las formas concebibles de satisfacción. Esto incluye la satisfacción que recibimos de la música, el arte, la arquitectura, el dinero, las películas, los juegos, los negocios, los relatos, la comida y cualquier otra actividad humana. Al principio, toda esta satisfacción se nos entregó de forma gratuita.

Pero el gen de Dios que está en nuestra alma nos impulsó a querer convertirnos en creadores de nuestra propia satisfacción.

Esta es la razón subyacente por la cual en nuestro mundo:

A los escritores les encanta escribir,

a los cantantes les encanta cantar,

a lo inventores les encanta inventar,

a los científicos les encanta descubrir,

a los arquitectos les encanta diseñar,

a los constructores les encanta construir,

a los sastres les encanta coser,

a los hombres de negocios les encanta cerrar ventas,

y a los músicos les encanta componer.

Estas son algunas de las muchas formas en las que se expresa un ser humano que logra ser como el Creador. Todos los inventos, canciones, poemas, las historias, descubrimientos y sabiduría infinita de la vida ya estaban contenidos en el Mundo Sin Fin. Pero nosotros le dijimos a Dios: "*Escóndelos*".

Entonces, toda la Luz se ocultó detrás de una cortina y ahora la buscamos de nuevo en nuestra propia vida. Cuando la redescubrimos, expresamos la chispa de divinidad que hay en nuestra alma y, en ese momento, alcanzamos el propósito de la vida. Pero, como ya hemos descubierto, hay un gran "y que pasa *si*".

Si caemos en la *ilusión* tan persuasiva de que nosotros mismos somos los únicos creadores de nuestro éxito, y si alcanzamos todas esas formas de satisfacción a través de nuestro ego (admítelo, todos lo hacemos la mayor parte del tiempo), entonces toda la Luz que hemos creado *se irá al Oponente.*

Es cierto, recibimos una dosis rápida de placer que intoxica nuestro ego, pero luego nos quedamos en la oscuridad. Y ahora el Oponente es ese tanto más fuerte. Acabamos acosados por la ansiedad, enganchados en las drogas, inundados por la inseguridad crónica. Quizás nos convirtamos en unos padres disfuncionales o en cónyuges desconectados y nuestros matrimonios se vayan a pique, o nos volvamos desapasionados y cansinos. Nuestros logros nunca serán suficientes. Seguiremos sintiéndonos vacíos.

Sin embargo, cuando vencemos a nuestro ego y detenemos todas nuestras reacciones, nos volvemos proactivos, igual que Dios, y el éxito y la alegría son ahora merecidos, ilimitados, incondicionales y, lo mejor de todo, profundamente (y duraderamente) satisfactorios.

Así es como funciona el juego de la vida.

preguntas sobre este juego

Han pasado muchos siglos y parece que, temporada tras temporada, el Oponente continúa su buena racha. La incerteza y la duda han sido plagas recurrentes a lo largo de los milenios. El mundo ha estado centrado constantemente en los resultados, no en la Resistencia, ni en la búsqueda de la felicidad. Por consiguiente, en lugar de deleitarse en la Luz, el mundo ha luchado por mantenerse a flote en la oscuridad.

¿Qué dice el *Zóhar* acerca de cómo acaba finalmente este juego de la vida?

Ten en cuenta que, cuando el juego de la vida acabe, no significa que sea el final de la civilización. Significa el final de la muerte, el dolor y el sufrimiento. Es la muerte del Oponente. Significa que la humanidad gana, y que logramos la paz mundial y la satisfacción permanente más allá de cualquier cosa que podamos imaginar o concebir en la actualidad.

Entonces, ¿cómo aplicamos todos los principios de la Kabbalah aprendidos hasta ahora al mundo en su totalidad?

las últimas entradas

Nunca les doy el infierno. Sólo les digo la verdad
y ellos piensan que es el infierno.
— Harry S. Truman

Según el *Zóhar*, el año 5760 del calendario lunar marcaba una nueva era sin precedentes de la existencia humana. El *Zóhar* describe esta nueva era con dos palabras: *Aflicción* y *Bendición*. El año 5760 corresponde al año 2001 del calendario gregoriano.

> *Desafortunado aquel que esté presente en aquel tiempo, y bendita la porción de aquel que esté presente Y SEA CAPAZ DE estar presente esa época. Ay de aquel que esté presente en aquel tiempo, pues cuando el Santísimo, bendito sea Él, venga a visitarnos, contemplará las acciones de todos y cada uno de nosotros, y no habrá persona justa que pueda hallarse, tal como está escrito: "Miré, y no había quien ayudara". (Isaías 63:5) Y habrá dificultades sobre más dificultades.*

> *Feliz será aquel que esté presente, porque aquel que esté presente en ese tiempo con Certeza, será digno de la Luz de la alegría del Rey. En relación a esa época, está escrito: "Y los purificaré como se purifica la plata, y los probaré como se prueba el oro". (Zacarías 13:9)*

> – Zóhar, Shemot 15:96-97

La *aflicción* se refiere a un tiempo de gran agitación, terror y dolor, que nos afectará tanto personalmente como globalmente. A lo largo de esta era de tormento, el ego será erradicado de nuestra naturaleza. Una presión intensa romperá finalmente la resolución del Oponente, y al fin reconoceremos el valor y la sabiduría asociados con la Resistencia, con la conciencia. Tratar a los demás con dignidad se convertirá en un requerimiento para la supervivencia.

Esta es la quinta edición del libro *El poder de la Kabbalah*. Cuando escribí el libro por primera vez en el año 2001, incluí los siguientes ejemplos de la devastación que el *Zóhar* predijo que nos ocurriría. Hoy, en el año 2011, sabemos que lo que los kabbalistas predijeron fue devastadoramente exacto.

Según los kabbalistas, durante este tiempo de aflicción, nuestros sistemas inmunes sufrirían ataques. Enfermedades, tanto cepas nuevas como antiguas, nos atormentarán. Globalmente, habría guerras, actos de terrorismo, destrucción del medio ambiente, contaminación de nuestra agua potable y otras calamidades que afectarían a toda la humanidad.

A través de estas tragedias globales y personales, nos daremos cuenta de que los tesoros obtenidos mediante el ego son fantasmagóricos, fugaces y tienen un precio muy elevado.

La humanidad aunará sus esfuerzos cuando el mundo a nuestro alrededor se esté derrumbando de forma trágica. Finalmente nos daremos cuenta de que el único enemigo que está ahí afuera es el Oponente, y no otro ser humano o nación.

el fin de los días

Mientras que la versión del *Zóhar* parece estar haciéndose realidad a niveles asombrosos, yo mismo no soy muy partícipe de la profecía espiritual ni de las predicciones. Lo cierto es que el mundo está sufriendo ahora mismo. Y el mundo ha experimentado mucho dolor, aflicción y sufrimiento en todas las generaciones. Lo que sí me emociona de las palabras del *Zóhar* es que también nos dicen cómo detener todo el sufrimiento y cómo cambiar nuestro futuro para mejor. Lo cual nos lleva a la explicación que hace el *Zóhar* acerca de la Bendición.

la bendición

La "Bendición" se refiere a un tiempo de paz, tranquilidad, iluminación y plenitud eterna. Las enfermedades serán algo del pasado. El caos dejará de existir. La dicha estará por todas partes. Y al haber completado su trabajo, el Ángel de la Muerte, el Oponente, se convertirá en el Ángel de la Vida.

Todo esto es lo opuesto a la Aflicción.

Entonces, ¿cuál es el mensaje? ¿Pueden ocurrir ambos destinos de forma simultánea?

Sí. Ambos destinos son opciones entre las cuales podemos escoger, utilizando nuestro libre albedrío.

¿Cómo controlamos nuestro destino? ¿Cómo podemos garantizar nuestra presencia en el universo de la Bendición en lugar del universo de la Aflicción?

El juego va a llegar a su fin sin importar qué pase. Vamos a alcanzar nuestro destino final de felicidad. Nuestro libre albedrío decide *cómo* vamos a llegar allí. Podemos eliminar el Pan de la Vergüenza a través del sufrimiento constante. O podemos lograr nuestro propósito venciendo al ego mediante nuestra práctica proactiva y llegar a la plenitud por virtud de nuestro propio esfuerzo.

Las circunstancias de nuestras vidas y las condiciones globales dependerán de las acciones individuales y colectivas de la humanidad. El estado del mundo es, sencillamente, la suma total de las interacciones de sus habitantes. Agujeros negros en el espacio, tornados en Oklahoma, días soleados, mareas calmas, paz entre las naciones, lugares de estacionamiento disponibles; todo ello depende de las interacciones entre los seres humanos.

El *Zóhar* enseña que la Tierra es el centro del universo y que nuestras acciones espirituales, reactivas o proactivas, dirigen el cosmos. Desde nuestros amigos más queridos hasta nuestros peores enemigos, todos estamos conectados en un nivel más profundo de la realidad.

Cuando las acciones intolerantes acumuladas por los seres humanos son suficientes en número, crean una masa de negatividad que bloquea la Luz del 99 por ciento e impide que fluya a nuestro Mundo del 1 por ciento. Así es como nace el caos. El simple acto reactivo de gritarle a tu amigo, hablarle ofensivamente a tu pareja o engañar a alguien en los negocios inclina la balanza del mundo hacia el lado de la Aflicción. En la misma medida, cada acto de Resistencia inclina a *toda la existencia* hacia el lado de la Bendición.

Ahora sabemos que la violencia en el mundo no es aleatoria. La enfermedad no es una ocurrencia fortuita. El terrorismo no es una locura errónea. Los terremotos no son actos de Dios. Todos los fenómenos negativos nacen de la oscuridad creada por nuestro comportamiento reactivo colectivo. Saber e incorporar esta difícil verdad en nuestro ser no resulta fácil, pero es el *prerrequisito* para efectuar un cambio real.

Recuerda lo que aprendimos en los primeros capítulos de este libro: la creación física se produjo cuando nosotros, las almas colectivas de la humanidad, *rechazamos* la Luz infinita de plenitud que el Creador nos había entregado inicialmente. Hicimos esto para obtener la oportunidad de crear y ser merecedores de la plenitud a través de nuestro propio esfuerzo. Es más, igual que un atleta requiere de una competencia para dar significado al concepto de la victoria, el

Oponente fue creado para desafiarnos durante este proceso.

El Oponente utilizará el tiempo para retrasar la retribuciones al buen comportamiento y así hacernos creer, de forma errónea, que la bondad no tiene recompensa. El Oponente utilizará el tiempo para retrasar las consecuencias causadas por el comportamiento reactivo para que creamos, erróneamente, que la vida carece de justicia verdadera.

Ahora podemos utilizar la sabiduría y la comprensión que hemos obtenido para desenmascarar esta ilusión y tener una visión global. El camino hacia el resultado final de la paz mundial eterna depende de nuestra elección: vivir de forma egocéntrica o transformarnos espiritualmente; Aflicción o Bendición.

Según el *Zóhar*, ambas realidades existirán una junto a la otra en el siglo XXI. Las zonas grises de la vida se desvanecerán. Se trazará una línea en la arena. Aquellos que se embarquen en la transformación espiritual —cambiando el comportamiento reactivo en proactivo— habitarán en una burbuja de serenidad, aun cuando el mundo a su alrededor se colapse en ruinas y escombros.

Esta es la promesa de la Kabbalah.

La elección es nuestra. Siempre lo ha sido.

y, al final....

Intentar vivir nuestras vidas con total responsabilidad es quizá la tarea más difícil de todas. Resulta mucho más fácil para nosotros involucrarnos en causas e intentar cambiar el mundo, en lugar de hacer una introspección e intentar cambiarnos a nosotros mismos.

El Oponente estará en cada paso del camino, poniendo la tentación en nuestra vía. Se sentirá mejor encontrar los defectos en los demás que mirarnos al espejo y encontrar esos mismos defectos en nosotros mismos. Es mucho más fácil ser un activista que lucha contra toda la corrupción que hay *ahí fuera* que ser un activista que lucha por cambiar esos impulsos egocéntricos ocultos *aquí dentro*.

Si hay pobreza en el mundo, significa que todavía tenemos una cierta medida de avaricia en nuestra alma. Si hay asesinatos que se cometen en cualquier parte del mundo, significa que todavía pronunciamos palabras ofensivas cuando perdemos el control. Si hay abuso y corrupción ante nuestros ojos, ya sea en televisión o en persona, significa que todavía hay una parte de nosotros que disfruta de los impulsos negativos de nuestro ego, por muy puros, justos y bienintencionados que creamos ser.

El Oponente nos pone una venda para que no podamos ver nuestras propias fallas. Nos resulta extremadamente difícil detectarlas y, más aún, admitirlas. Así que aquí tienes algunos consejos de los maestros que nos han precedido.

No podemos seguir considerándonos víctimas.

A partir de este momento, debemos aceptar la responsabilidad por las cosas malas que ocurren en nuestra vida. Debemos admitir que nosotros somos la causa. Debemos darnos cuenta de que sólo nosotros, por medio de nuestras acciones previas, conscientes o inconscientes, hemos invitado a ciertas situaciones y personas a nuestra vida para que iluminen y saquen a la luz todos nuestros rasgos destructivos que vinimos a transformar.

Este reconocimiento representa un cambio profundo y drástico en la conciencia humana. Va en contra de cualquier inclinación y tendencia natural de nuestra naturaleza. Implica que nosotros somos los creadores de todos los momentos de nuestra vida, ya sean caóticos o benditos. Significa que nos reconocemos como la causa de nuestra desgracia o nuestra fortuna.

Recuerda, ser la causa es uno de los principales atributos de ser proactivo. Y como hemos aprendido a lo largo de este libro, ser proactivo es el propósito fundamental de nuestra existencia.

Cuando trascendemos el poder de la impulsividad, cuando nos elevamos por encima de la fuerza imperiosa del instinto animal, cuando dejamos de apuntar con el dedo de la culpa a otras personas y, en su lugar, apretamos los dedos y damos un puñetazo contundente al verdadero Oponente en el juego de la vida, hacemos contacto con la Realidad del 99 por ciento.

Nos conectaremos a una emanación infinita y perpetua de Luz, cuando invoquemos el poder infinito de Dios en nuestra vida. Entonces, veremos que el asombroso poder de cambiarlo todo ha sido puesto en la palma de nuestras manos.

las personas son espejos

Imagina un espejo que reflejara todos tus rasgos negativos, todos los instintos reactivos que viniste a transformar a este mundo. Imagina que rompes ese espejo en mil pequeños pedazos y que cada pedazo refleja una característica negativa diferente de tu naturaleza. Ahora, supón que esparces todos esos pedazos por todas partes.

¿Adivina qué? Todas las personas negativas que hay en tu vida, todas las situaciones negativas y los obstáculos a los que te enfrentas o de los que eres testigo en el noticiero de la noche, todos los defectos que ves en los demás, son sólo piezas de ese espejo. Cada fragmento representa un reflejo distinto de tu propio carácter.

Cuando corriges una pieza en particular de tu carácter, un fragmento del espejo reflejará esta transformación. Empezarás a ver los aspectos positivos de los demás. Las situaciones empezarán a cambiar para mejor. Las personas se volverán más amables, más bondadosas, más amorosas, más genuinas. Y algunos aspectos negativos del mundo externo cambiarán de forma muy tangible.

Recuerda que todo lo que hay en tu vida está ahí por una razón, y sólo una: para ofrecerte la oportunidad de transformarte.

La transformación es la única forma de efectuar un cambio positivo en tu vida y en este mundo. Deja de malgastar tu energía encontrando fallas en los demás. Empieza la transformación desde el interior. Empieza a buscar las situaciones incómodas en la vida y evita los caminos fáciles. La Luz sólo puede encontrarse en las tormentas y las aguas agitadas de la vida. ¿Por qué? Porque los mares picados disparan reacciones.

Seguro, habrá turbulencias durante un rato. Al principio recibirás bofetadas de todas partes. Pero si mantienes la certeza en que tú sólo estás siendo puesto a prueba y si no reaccionas, las mareas se calmarán rápidamente. Y entonces es cuando conocerás el poder de la Kabbalah. Es ahí cuando experimentarás la Luz extraordinaria que ha estado intentando llegar hasta ti y darte todo lo que siempre deseaste desde el inicio de los tiempos.

Y así llegamos al Duodécimo Principio de la Kabbalah:

> Duodécimo Principio:
> **Todos los Rasgos Negativos que Detectas en los Demás son un Mero Reflejo de tus Propios Rasgos Negativos. Sólo si te Cambias a Ti Mismo Podrás Ver el Cambio en los Demás.**

cuando todo está dicho y hecho

Si tienes problemas para recordar todas las lecciones que se han expuesto en este libro, te reconfortará saber que la Kabbalah nos ha entregado una pieza única de sabiduría que contiene todos los demás principios dentro de ella. Es un secreto mágico que dice algo así:

> **"Ama a tu prójimo como a ti mismo.**
> **Todo lo demás es mero comentario.**
> **Ahora ve y aprende".**

Cuando le preguntaron a Jesús:

> *Maestro, ¿cuál es el mandamiento más importante de la ley? "Ama al Señor tu Dios con todo tu corazón, con todo tu ser y con toda tu mente" —le respondió Jesús—. Éste es el primero y el más importante de los mandamientos. El segundo se parece a éste: "Ama a tu prójimo como a ti mismo". De estos dos mandamientos dependen toda la ley y los profetas.*
> *(Mateo 22:36-40, Nueva Versión Internacional)*

El Decimotercero (y último) Principio de la Kabbalah en este libro tiene un regalo especial: contiene a todo el resto.

> Principio Decimotercero:
> **"Ama a Tu Prójimo Como a Ti Mismo.**
> **Todo lo Demás es Mero Comentario.**
> **Ahora Ve y Aprende".**

Más libros que pueden ayudarte a incorporar la sabiduría de la Kabbalah a tu vida

Satán
Por Yehuda Berg

Se ha dicho que el truco más grande que el Diablo jamás hizo fue convencernos de que no existe. Aunque Yehuda se toma licencia creativa con su narrativa, nos presenta una representación cándida y profunda del concepto Kabbalístico de Satán, alias El Adversario. Satán reside dentro de cada uno de nosotros, manifestándose como una pequeña recurrente voz de incertidumbre y a través de las pruebas que pone frente a nosotros que son los medios para ayudarnos a crecer.

Reiniciando: Venciendo la Depresión con el Poder de la Kabbalah
Por Yehuda Berg

La ausencia de deseo o falta de interés son usualmente listados como síntomas de depresión, una condición médica que afecta a casi 20 millones de norteamericanos. Miles de medicamentos, remedios herbales, y terapias están ahora disponibles para tratar esta condición y aunque pueden aliviar los síntomas, ninguno ha logrado curar la fuente de esta aflicción incapacitante. En su libro claro, fuerte y franco, Yehuda Berg ofrece una nueva dirección y receta para aquellos que sufren de depresión: las energías sanadoras de la Kabbalah. Este tratamiento simple pero profundo permite a quienes sufren de depresión retomar sus vidas. Los lectores aprenden a reconectar con el deseo, resurgiendo de la debilitante oscuridad, y sobreponiéndose de frente a la depresión de una vez por todas. Yehuda sugiere herramientas kabbalísticas específicas para usar en el camino a la recuperación, mientras las historias de casos proveen más iluminación e inspiración.

Astrología Kabbalística: Y el Significado de Nuestras Vidas
Por Rav Berg

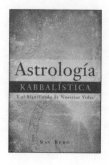

La Kabbalah ofrece una de las explicaciones más antiguas de la astronomía y astrología conocidas por la humanidad. Mucho más que un libro de horóscopos, *Astrología Kabbalística* es una herramienta para entender nuestra propia naturaleza individual en su nivel más profundo y para poner ese conocimiento en uso de manera inmediata en el mundo real. Rav Berg explica por qué el destino no es lo mismo que predestinación; enseña que tenemos muchos futuros posibles y que podemos volvernos dueños de nuestro destino. *Astrología Kabbalística* revela los retos que enfrentamos en encarnaciones previas y por qué y cómo aún necesitamos superarlos. ...

Simplemente Luz: Sabiduría del corazón de una mujer
Por Karen Berg

Este libro presenta un mensaje que es simple, directo y que proviene del corazón; la Luz, la fuente de toda alegría proviene del amor incondicional y del compartir. Una colección de mensajes seleccionados a partir de los escritos de Karen Berg y de sus enseñanzas en los últimos 30 años. Estas sabias palabras que aquí se comparten son tanto personales como universales. Ya sea al hablar acerca de la familia, las relaciones, el trabajo, la fe, la vida o la muerte, Karen logra ser real mientras encuentra la Luz en lo común así como en lo misterioso. Simplemente Luz no está destinado para ser leído en una sola leída ni de manera secuencial, aunque puede hacerse así. Este libro es alimento para momentos de pensamiento e inspiración.

Ser como Dios
Por Michael Berg

Ser como Dios ofrece una perspectiva kabbalística para convertirnos en seres completamente poderosos. Escrito con extraordinaria claridad, Michael Berg presenta un método lógico para alcanzar nuestro derecho supremo de nacimiento. Al revelar esta oportunidad a la humanidad, Michael enfatiza maneras para desarrollar nuestros atributos divinos y para minimizar el aspecto de nuestra naturaleza (nuestro ego) que interfiere con nuestro destino. Con su típico estilo conciso, Michael nos entrega la respuesta a la pregunta eterna acerca de por qué estamos aquí: para ser como Dios.

El Zóhar

Creado hace más de 2.000 años, el Zóhar es un compendio de 23 volúmenes y un comentario sobre asuntos bíblicos y espirituales, escrito en forma de conversaciones entre maestros. Fue entregado por el Creador a la humanidad para traernos protección, para conectarnos con la Luz del Creador y, finalmente, cumplir nuestro derecho de nacimiento: transformarnos. El Zóhar es una herramienta efectiva para alcanzar nuestro propósito en la vida.

Hace más de ochenta años, cuando el Centro de Kabbalah fue fundado, el Zóhar había desaparecido virtualmente del mundo. Hoy en día, todo eso ha cambiado. A través de los esfuerzos editoriales de Michael Berg y El Centro de Kabbalah, el Zóhar está disponible en su arameo original y, por primera vez, en inglés y español con comentario.

Enseñamos Kabbalah, no como un estudio académico, sino como un camino para crear una vida mejor y un mundo mejor.

QUIÉNES SOMOS:

El Centro de Kabbalah es una organización sin fines de lucro que hace entendibles y relevantes los principios de la Kabbalah para la vida diaria. Los maestros del Centro de Kabbalah proveen a los estudiantes con herramientas espirituales basadas en principios kabbalísticos que los estudiantes pueden aplicar como crean conveniente para mejorar sus propias vidas y, al hacerlo, mejorar el mundo. El Centro fue fundado en el año 1922 y actualmente se expande por el mundo con presencia física en más de 40 ciudades, así como una extensa presencia en internet. Para conocer más, visita es.kabbalah.com.

QUÉ ENSEÑAMOS

Existen cinco principios centrales:

- **Compartir:** Compartir es el propósito de la vida y la única forma de verdaderamente recibir realización. Cuando los individuos comparten, se conectan con la fuerza energética que la Kabbalah llama Luz, la Fuente de Bondad Infinita, la Fuerza Divina, el Creador. Al compartir, uno puede vencer el ego, la fuerza de la negatividad.

- **Conocimiento y balance del Ego:** El ego es una voz interna que dirige a las personas para que sean egoístas, de mente cerrada, limitados, adictos, hirientes, irresponsables, negativos, iracundos y llenos de odio. El ego es una de las principales fuentes de problemas ya que nos permite creer que los demás están separados de nosotros. Es lo contrario a compartir y a la humildad. El ego también tiene un lado positivo, lo motiva a uno a tomar acciones. Depende de cada individuo escoger actuar para ellos mismos o considerar también el bienestar de otros. Es importante estar conscientes de nuestro ego y balancear lo positivo y lo negativo.

- **La existencia de las leyes espirituales:** Existen leyes espirituales en el universo que afectan la vida de las personas. Una de estas es la Ley de causa y efecto: lo que uno da es lo que uno recibe, o lo que sembramos es lo que cosechamos.

- **Todos somos uno:** Todo ser humano tiene dentro de sí una chispa del Creador que une a cada uno de nosotros a una totalidad. Este entendimiento nos muestra el precepto espiritual de que todo ser humano debe ser tratado con dignidad en todo momento, bajo cualquier circunstancia. Individualmente, cada uno es responsable de la guerra y la pobreza en todas partes en el mundo y los individuos no pueden disfrutar de la verdadera realización duradera mientras otros estén sufriendo.

- **Salir de nuestra zona de comodidad puede crear milagros:** Dejar la comodidad por el bien de ayudar a otros nos conecta con una dimensión espiritual que atrae Luz y positividad a nuestras vidas.

CÓMO ENSEÑAMOS

Cursos y clases. A diario, el Centro de Kabbalah se enfoca en una variedad de formas para ayudar a los estudiantes a aprender los principios kabbalísticos centrales. Por ejemplo, el Centro desarrolla cursos, clases, charlas en línea, libros y grabaciones. Los cursos en línea y las charlas son de suma importancia para los estudiantes ubicados alrededor del mundo quienes quieren estudiar Kabbalah pero no tienen acceso a un Centro de Kabbalah en sus comunidades.

Eventos. El Centro organiza y dirige una variedad de eventos y servicios espirituales semanales y mensuales en donde los estudiantes pueden participar en charlas, meditaciones y compartir una comida. Algunos eventos se llevan a cabo a través de videos en línea en vivo. El Centro organiza retiros espirituales y tours a sitios energéticos, los cuales son lugares que han sido tocados por grandes Kabbalistas. Por ejemplo, los tours se llevan a cabo en lugares en donde los kabbalistas pudieron haber estudiado o han sido enterrados, o en donde los textos antiguos como el Zóhar fueron escritos. Los eventos internacionales proveen a los estudiantes de todo el mundo la oportunidad de hacer conexiones con energías únicas disponibles en ciertas épocas del año. En estos eventos, los estudiantes se reúnen con otros estudiantes, comparten experiencias y construyen amistades.

Voluntariado. En el espíritu del principio Kabbalístico que enfatiza el compartir, el Centro provee un programa de voluntariado para que los estudiantes puedan participar en iniciativas caritativas, las cuales incluyen compartir la sabiduría de la Kabbalah a través de un programa de mentores. Cada año, cientos de voluntarios estudiantes organizan proyectos que benefician sus comunidades tales como alimentar a las personas sin hogar, limpiar playas y visitar pacientes de hospitales.

Uno para cada uno. El Centro de Kabbalah busca asegurar que cada estudiante sea apoyado en su estudio. Maestros y mentores son parte de la infraestructura educativa que está disponible para los estudiantes 24 horas al día, siete días a la semana.

Cientos de maestros están disponibles a nivel mundial para los estudiantes así como programas de estudio para que continúen su desarrollo. Las clases se realizan en persona, vía telefónica, en grupos de estudio, a través de seminarios en línea , e incluso con estudios auto dirigidos en formato audio o en línea.

Programa de mentores. El programa de mentores del Centro provee a nuevos estudiantes con un mentor para ayudarlo a comprender mejor los principios y las enseñanzas kabbalísticas. Los mentores son estudiantes experimentados quienes están interesados en apoyar a nuevos estudiantes.

Publicaciones. Cada año, el Centro traduce y publica algunos de los más desafiantes textos para estudiantes avanzados incluyendo el Zóhar, *Los escritos del Arí*, y las Diez emanaciones con comentario. Extraído de estas fuentes, el Centro de Kabbalah publica libros anualmente en más de 30 idiomas y a la medida de estudiantes principiantes e intermedios, las publicaciones son distribuidas alrededor del mundo.

Proyecto Zóhar. el Zóhar, texto principal de la sabiduría kabbalística, es un comentario de temas bíblicos y espirituales, compuesto y compilado hace más de 2000 años y es considerado una fuente de Luz. Los kabbalistas creen que cuando es llevado a áreas de oscuridad y de agitación, el Zóhar puede crear cambios y traer mejoras. El Proyecto Zóhar del Centro de Kabbalah comparte el Zóhar en 30 países distribuyendo copias gratuitas a organizaciones e individuos como reconocimiento de sus servicios a la comunidad y en áreas donde hay peligro. Más de 400,000 copias del Zóhar fueron donadas a hospitales, embajadas, sitios de oración, universidades, organizaciones sin fines de lucro, servicios de emergencia, zonas de guerra, locaciones de desastres naturales, a soldados, pilotos, oficiales del gobierno, profesionales médicos, trabajadores de ayuda humanitaria, y más.

Apoyo al estudiante:

Como la Kabbalah puede ser un estudio profundo y constante, es útil tener a un maestro durante el viaje de adquisición de sabiduría y crecimiento. Con más de 300 maestros a nivel internacional trabajando para más de 100 localidades, en 20 idiomas, siempre hay un maestro para cada estudiante y una respuesta para cada pregunta. Todos los instructores de Apoyo al estudiante han estudiado Kabbalah bajo la supervisión del Kabbalista Rav Berg. Para más información:

apoyo@kabbalah.com
twitter: @aprendekabbalah

es.kabbalah.com/ubicaciones
es.kabbalah.com

Información de Contacto de Centros y Grupos de Estudio

ARGENTINA:

Buenos Aires
Teléfono: +54 11 4771 1432 /
47774106 / 47729224
kcargentina@kabbalah.com
Facebook: KabbalahArg
Twitter: KabbalahArg

Corrientes
Teléfono: +54 3794 603 222

BOLIVIA:

La Paz
Teléfono: 591 2 2771631

CHILE:

Teléfono: 222152737
kcchile@kabbalah.com
Facebook: Centro de Kabbalah de
Chile
Twitter: kabbalah_chile

COLOMBIA:

Bogotá
Teléfonos: +57 1 616 8604 /
+57 1 649 6694
kcbogota@kabbalah.com
Facebook: Centro de Kabbalah Bogotá
Twitter: kabbalah_Co

Cali
Teléfono: 572 374 61 71

Medellín
Teléfonos: +57 4 311 9004 /
+57 313 649 2898
kcmedellin@kabbalah.com
Facebook: Centro de Kabbalah
Medellín

ESPAÑA:

Madrid
Teléfono: +34 9 1188 3526
kcspain@kabbalah.com
Facebook: Kabbalah Centre Spain
Twitter: KabbalahCentreSpain

MÉXICO:

D.F.
Teléfono: +52 55 5280 0511
kcmexico@kabbalah.com
Facebook: kabbalahmexico
Twitter: kabbalahmx

Guadalajara
Teléfonos: +52 33 3123 0976 /
+52 33 2014 4063
kcguadalajara@kabbalah.com
Facebook: Centro de Kabbalah
Guadalajara
Twitter: kabbalahgdl

Merida
kabbalahmerida@gmail.com
Facebook: Grupo de Kabbalah Merida

Monterrey
cursos@kabbalahmonterrey.com
Facebook: Grupo de Estudio Kabbalah
Monterrey
Twitter: kabbalahmx

San Luis Potosí
kcsanluispotosi@kabbalah.com

Veracruz
Teléfonos: (55) 3466 7042 /
(229) 265 7345
kabbalah.veracruz@gmail.com
Facebook: Kabbalah Veracruz
Twitter: kabbalahver

PANAMÁ:

Ciudad de Panamá
Teléfono: +507 396 5270
kcpanama@kabbalah.com
Facebook: Centro de Kabbalah de
Panamá
Twitter: Kabbalah_Panama

PARAGUAY:

Asunción
Teléfono: +595 971 666 997 /
+595 981 576 740
kcparaguay@gmail.com
Facebook: Kabbalah Centre Paraguay

PERÚ:

Lima
Teléfono: +51 1 422 2934
peru@kabbalah.com
Facebook: Centro de Kabbalah Perú
Twitter: kabbalahperu

PUERTO RICO:

San Juan
Teléfono: +1 787 717 0281
kcpuertorico@kabbalah.com
Facebook: Kabbalah Puerto Rico
Twitter: kabbalahpr

VENEZUELA:

Caracas
Teléfono: +58 212 267 7432 / 8368
caracastkc@kabbalah.com
Facebook: Centro Kabbalah Venezuela
Twitter: KabbalahVe

Maracay
Teléfono: +58 243-2685005
kc.maracay@kabbalah.com
kabbalahmaracay@yahoo.com

Valencia
Teléfono: +58 241 843 1746
venezuelatkc@kabbalah.com

CENTROS EN EUA:

Boca Ratón, FL +1 561 488 8826
Miami, FL +1 305 692 9223
Los Ángeles, CA +1 310 657 5404
Nueva York, NY +1 212 644 0025

CENTROS INTERNACIONALES:

Londres, Inglaterra +44 207 499 4974
Berlín, Alemania +49 30 78713580
Toronto, Canadá +1 416 631 9395
Tel Aviv, Israel +972 3 5266 800